꿈틀, 삶이 지나간다

허석 수필집

나무향

| 책을 내면서 |

　삶에는 연습이 없다. 그리고 정답도 없다. 어느 순간에도 낯설고 불안한 초행길이고, 뒤돌아볼 수는 있어도 돌아갈 수는 없는 마지막 길이다. 그래서 그 일회성은 경건하다. 똑같은 사람들이라고 삶마저 똑같을 수는 없다. 사람마다 가치와 정서와 영혼은 다르다. 내가 좋아하는 삶이라고 다른 사람에게 강요할 수도 없고, 나와 다른 삶이라고 틀렸다고 말할 수도 없다. 삶에는 우열이나, 차별이나, 귀천이 없다. 서로의 삶이 존중될 때 사회 공동체가 살아난다.

　네 번째 수필집이다. 화두는 여전히 인간의 본질과 삶의 가치이다. 치장이나 흥정해야만 통하는 세상이라면 절망이다. 진심이 살아 있는 세상은 어떤 술수로도 가릴 수 없고, 어떤 계략으로도 통하지 않는 곳이다. 세상은 아직 막판도 아니며, 아무렇게 굴어도 될 만큼 호락호락하지도 않다. 청정무구한 자연과 순진무구한 마음을 아직도 꿈꾼다. 그런 세상을 위해 나는 수시로 나를 되돌아보고 내 진실을 점검해야 한다. 글쓰기는 그 과정이다.

나는 침묵을 사랑한다. '혼자'를 좋아하고, 비대면 문자 대화를 선호한다. 담배는 끊었지만, 술은 가끔 한 잔씩 한다. 바깥보다는 집에서, 어울려 마시는 것보다는 '혼술'을 좋아한다. 그래서 혼자 생각하고, 계획하고, 상상에 빠지는 시간이 많다. 어쩌면 코로나 시국에 최적화된 생활방식인지도 모른다. 그런 정서적, 공간적 거리두기 동안에 삶과 인간에 대한 상념들을 글로 옮겼다. 세상의 무슨 의미를 전한다기보다 내가 누구인지 한 번쯤 엿보는 시간, 한편으로는 세상과 대화를 시도하는 과정이었는지도 모른다.

문학은 나에게 무용지용無用之用과 같다. 쓸모없음의 쓸모 있음. 실생활에 쓸모가 없어 보이지만 실제로는 내가 살아갈 수 있는 동력의 쓸모를 가졌다. 문학이 있어 삶의 중심 잡기가 가능했고, 불행하지 않았으며, 속리의 논점 앞에서 당당할 수 있었다. 문학은 바보 같지만 아름다운 일이다. 당장 눈앞에 잡히지 않는 일이라고 게을리하지 않겠다. 시키지 않아도 저 홀로 피는 풀꽃처럼, 봄날이면 둥지 속에 새 생명이 부화하듯이 그렇게 묵묵히 정진하고 싶다.

2023년 1월
허 석

차 례

4 책을 내면서

1부 삶을 돌아보다

13 늙어, 그래도 봄날이다
18 생전에 해야 할 이야기들
23 느리게 가는 달력
28 미리 써본 유서
33 미니멀 라이프
37 따뜻한 눈물
42 잠시, 멀리서 보기
46 이제, '나'로 살기
51 소통의 언어학
55 내 ID는 '까시남'

2부 사물을 엿보다

- 61 쇠꽃, 향기 머물다
- 66 등대, 희망을 품다
- 72 가면, 나 아닌 나
- 77 시래기, 정情을 살찌우다
- 82 밑돌, 그 이름처럼
- 87 신발, 그 속살을 보다
- 93 씨앗, 다시 꿈꾸다
- 98 마당, 그 평화롭던 날들
- 104 옹이, 그 아픔을 읽다
- 109 이끼, 꽃으로 피어나다

3부 나에게 묻다

117   속멋

122   창窓, 빛 들다

127   그해 겨울은 추웠다

130   배꽃의 꿈

135   참새에 대한 유감

140   인공지능 시대

146   그리움이 머무는 곳

149   나무들의 반성문

154   골목길을 걷다

159   눈[眼]으로 말하다

4부
여백을 찾다

167 돌담, 쉼표를 찍다
172 무성서원, 움직이는 서책
177 순장殉葬
182 남강, 그곳에 가고 싶다
188 둘레길을 걸으며
192 금속활자, 어둠에서 깨어나다
197 돌무지로 잠든 마지막 왕의 슬픔
204 숲을 찾는 사람들
209 여백이 머무는 정자亭子
214 대장간을 엿보다

1부

삶을 돌아보다

늙어, 그래도 봄날이다

생전에 해야 할 이야기들

느리게 가는 달력

미리 써본 유서

미니멀 라이프

따뜻한 눈물

잠시, 멀리서 보기

이제, '나'로 살기

소통의 언어학

내 ID는 '까시남'

늙어, 그래도 봄날이다

"투투투투", 사는 곳이 시골이어서인지 한여름에는 방역차가 요란한 소리를 내며 골목길을 누빈다. 뽀얀 연기 속을 두 팔 휘저으며 신나게 달음박질하던 어린 시절 그 아이를 먼 풍경처럼 읽는다. 걷는 것보다 뛰는 것이 익숙해 시간보다 빠르게 살았던 나이였다. 시간이 동무하며 걷던 꿈 많은 청춘도, 앞서만 가던 시간을 쫓고 쫓기며 바쁘게 살던 장년의 나이도 지났다. 노년에 한발 다가선 이제는 세월을 앓는 통증만이 덜컹덜컹 걸음마다 소리 지르며 가는 봄날 붙들고 있다.

몸이 예전 같지 않다. 걷는 것도 조심스럽고 행동도 민첩하지 못하다. 지각 능력도 떨어져 실수도 잦아지고, 감각기관이 낡았는지 위험에 적극적으로 반응하지도 못한다. 가벼운 산책에도 쉽게 지치고, 무거운 물건 앞에서는 근력도 형편없다. 면역력도 부족해 걸핏하면 병에 노출되기 일쑤다. 한마디로 몸이 내 뜻과 마음과 따로 논다.

늙으니까 모든 것이 시큰둥해졌다. 세상에 대한 눈길도, 관심도, 호승심의 객기도 사라졌다. 사랑이나 의리, 순수 같은 낭만적인 단어들과도 자꾸만 멀어진다. 정의니, 이데올로기 논쟁도 이젠 지쳤다. 나이가 들어서 그런지 어렵고 골치 아픈 일보다 편하고 쉬운, 밝고 즐거운 분위기를 더 쉽게 찾게 된다. 관용의 폭이 넓어졌다기보다는 아무래도 열정이 부족해진 것 같다.

거울을 본다. 쇠골 빠진 얼굴이 초라하고 낯설다. 머리가 많이 빠져 이마가 훤하고 백발이 성성하다. 무엇보다 표정이 자연스럽지 못하다. 눈매도 매서워지고, 주름지고 굳은 얼굴이 좀처럼 풀리지 않는다. 웃는 것도 우는 것도 아닌, 너그럽거나 온화한 것과도 거리가 먼 무표정한 사내다. 영락없는 할아버지다.

노인들이 갑자기 화를 내고 소리를 뻑뻑 질러대는 이유도 이제야 알 것 같다. 아무도 나를 어른으로 공경하지도, 세상 이치를 잘 아는 선배로 대우하지도 않는다. 마음은 아직도 젊고, 전문가적 경력도 여전한데 아무래도 늙었다고 무시하는 것만 같다. 다른 나라들처럼 전쟁 폐허를 딛고 일어선 '위대한 세대'로 존경받기는커녕 나이 들어 추하고 약한 것이 죄스러운 일이 되어버렸다.

왕년에 팔팔하던 시절이 떠오른다. 내가 얼마나 잘나가는 사람이었는데, 그런 나의 존재를 제대로 인정받지 못해 자존심이 상하고 상실감이 든다. 괜히 억울해진다. 내가 젊었을 때는 상사를 깍듯이 대접하고 어른도 반듯이 모셨는데 정작 내가 그 나이가 되고 보니 신세대들은 그럴 생각이 없는 것 같다. 사회적 규범과 가치에는 관심도 없고 오직 부와 명예만 공경하는 젊은 세대에게 실망스럽다.

멋있는 노인 되기가 생각보다 어려운 것 같다. 나이가 들면 더 온순해지고, 너그러워지고, 현명해지는 게 당연할 줄 알았는데 오히려 더 딱딱해지고, 불만도 많아지고, 양보하기 싫어지는지 모르겠다. 몸만 느려졌을 뿐이지 욕심은 더 급해진 모양이다. 걱정해야 할 것은 몸의 가령취가 아니었다. 청안시를 가져 이웃을 따뜻한 눈으로 보지 못하고, 세상을 편견과 차별과 호오의 대상으로 백안시하는 태도는 아직도 여전하기만 하다.

사회적 약자로서 보호받아야겠지만 그것을 노인의 특권이나 무기로 삼고 싶지는 않다. 특히 남을 배려하지 않는 이기적인 행동이나 공공장소에서 폐해를 주는 일은 나도 싫다. 그 나이가 될 때까지 주위에 얼마나 많은 사람이 피해를 보았을까 생각하면 대신 송구해지는 마음이다. 종교를 오랫동안 가졌다고 해서 신앙심이 더 좋은 것도 아니고, 많이 배웠거나 지위가 높다고 해서 그 사람의 언행이 삶의 정답은 아닐 것이다.

마을에 노인 한 명이 도서관 하나 있는 것과 같다는 말은 옛말이다. 주변에서 공경할 만큼 덕망과 인격을 갖춘 노인이 되는 것은 결국 본인에게 달린 일이다. 인생의 다섯 가지 복 중에서도 '좋은 덕을 닦아 남에게 베푸는 유호덕攸好德'이 제일이 아닐까 싶다. 아무리 깨끗한 물로 채워도 속이 보이지 않던 연못이 가을이 되면 티끌까지 보일 만큼 저절로 맑아지듯이 만추의 삶도 온전하고 정갈해졌으면 좋겠다.

이제 나이가 들어 귀찮고 쓸모없는 존재가 되었다고 생각하니 한편으론 쓸쓸해진다. 하지만 힘을 낸다. 젊지 않으면 세상에 지는 것 같아서, 다시는 당당해질 수 없을 것 같아서가 아니다. 봄날이 가고 남은 오후, 가즈오 이시구로의 소설 〈남아 있는 나날〉에서처럼 저녁은 하루 중 가장 아름다운 시간이다. 하루의 일을 끝낸 가장 좋은, 눈부셨던 대낮과 소리와 빛깔이 다른, 그 시간을 내가 어떻게 사는가가 앞으로 중요한 일이다.

화려했던 젊은 날에서 깨어나 지금은 노년의 시간임을 인정해야 한다. 욕심내기보다 비우는 시간이고, 내세우기보다 공감과 양보의 시간이다. 겉보기에 신경 쓰지 않고 사는 편안함, 다른 사람이 인정해주는 것에 목매달지 않는 진정한 자유를 누려야 할 때다. 휴식도, 여유도 필요하다. 하고 싶은 일도 할 수 있고, 보고 싶은 사람도 만날 수 있는 시간이다. 정신분석학자 에릭슨이 노년기를 자아 통합의 시기라고 말했듯이 지난 인생을 돌아보며 자신의 정체감을 새롭게 정립하여 자아실현의 기회가 되는 것도 좋겠다.

지금까지의 삶이 수직과 수평의 시간이었다면 이제는 약간의 기울기도 허용하고 싶다. 직선을 버리고 황소 등짝 같은 곡선으로 살고 싶다. 부자라고 다 악하고, 가난하다고 다 착한 것만은 아니더라. 불공정, 불평등, 불합리, 복불복 등에 분개했는데 오래 살다 보니 그것도 그에게는 세상 살아내는 일이고 먹고사는 과정이더라. 나이보다 중요한 것은 선善한 생각이다. 내 곁에 있는 사람을 받아들이고 주변에 좋은 영향력을 미칠 수 있다면 그것이 노인으로 잘사는 방법이 아닐까 한다.

어차피 시간은 간다. 늙음에 익숙해진다는 것은 웃음이 많아진다는 일이다. 동안보다 동심이다. 둥글고 순한 웃음으로 산다면 늙어 지금도, 여전한 봄날이다.

생전에 해야 할 이야기들

"고맙다, 고맙다." 왜, 어머니는 전화를 드릴 때마다 이렇게 대답하는 것일까? 어쩌다 가끔, 그것도 직접 찾아보는 것도 아니고 겨우 안부 전화나 하는데도 애잔한 말투로 자꾸만 그렇게 중얼거린다. 구순을 바라보는 노모, 혼자 살고 계시지만 아직은 근력이 있어 의식주를 스스로 해결하고 있는 어머니다. '고맙다'라는 그 말에 마음이 흔연해지기는커녕 도리어 불효자가 된 것 같아 울적한 기분이 든다.

노년층에 접어들어서 그런지 주위에 생을 이별하는 사람들이 많다. 우리 세대의 부모님들은 말할 것도 없고 동창들도 오랜 질환이나 병고로, 뜻하지 않는 사고나 천재지변으로 목숨을 잃어버리는 경우도 종종 있다. 생명이 언제까지나 영원한 것도 아니고,

당장 내일에 무슨 일이 일어날지 내 안전이 보장된 세상도 아니다. 그런 부음 소식을 받을 때마다 마음 한구석에 서늘한 댓잎 바람 지나가고 머릿속은 텅 빈 허공이 되어 삶이 무엇인지, 제대로 살고나 있는 것인지 한 번쯤 되돌아보게 된다.

불쑥불쑥 옛날 생각이 떠오를 때도 많다. 이상하게도 좋은 추억보다는 미안하고 낯부끄러운 일들이 먼저 떠오른다. 부모님에게 그때 왜 그렇게 섭섭한 말을 내뱉고 말았는지, 때로는 처자식들에게 그때 왜 그렇게 바쁘다고만 둘러댔는지, 주변 사람들에게 그때 왜 그렇게 냉정한 모습을 보였는지, 술을 핑계로 저지른 철없는 행동들까지 얼굴이 화끈거리고 후회가 앞서는 일들이다. 그들이 받았을 마음의 상처를 왜 이제야 되돌아보게 되는 것일까. 내가 아는 나의 죄와 남이 아는 나의 죄와 내가 모르는 나의 죄와 남이 모르는 나의 죄는 분명 다른 모습으로 존재하는 것 같다.

사람의 기억은 두 가지다. 감동하였을 때이거나 상처받았을 때가 오랫동안 흔적으로 남는다. 뭐 하나 확실하지 않은 게 인생이다. 가위에 주먹이 이기고 주먹은 보자기에 지고 결국 다시 가위에 지게 되는 관계를 보면 세상에 절대적으로 이기고 지는 경계는 없는 것 같다. 누군가와 관계를 맺고 서로 간에 의미가 된다는 것은 나의 고집이나 승리자의 환호가 아니었다. 힘을 빼고 살았다면 그들의 아픔이 더 일찍 보이지 않았을까? 그들의 기억 속에 내가 고마운 사람이 아니라 아픈 기억을 남긴 존재로 남아 있다면 그것 또한 슬픈 일이 아닐 수 없다.

돌아보면 서로에게 아픈 가시나 옹이가 되었던 것 같다. 어려울 때일수록 더 이해와 배려가 없었다는 게, 더 힘과 위로가 되지 못했다는 게 아쉽기만 하다. 운전을 잘한다는 것은 위험한 상황을 요령 있게 잘 피한다는 것이 아니라 미리 방어운전을 해서 그런 위험한 상황 자체를 만들지 않는 것이다. 처음부터 상처를 주지 않았으면 좋은 일이지만, 차후에라도 제대로 돌보지 못한 상처는 덧나고 곪아 인간적 갈등을 일으키게 마련이다. 복잡하게 헝클어진 실타래도 한 가닥 실로 매듭이 풀리듯 그 해결책은 이미 알고 있는 것도 사실이다.

시간이 지나갔다고 흔적마저 사라지는 것은 아니다. 살아갈수록 잊히는 것이 아니라 더 기억의 틈새마다 뚜렷이 살아나는 것은 서로의 마음을 나누지 못했기에, 열리고 닫히는 소통과 잠기고 풀리는 화해의 과정이 없었기 때문이다. 나무는 꽃을 버려야 열매를 맺고, 강물은 강을 버려야 바다에 이른다는 말처럼 내 마음의 장벽을 허물 때 비로소 과거의 멍에도 벗어나는 길이 되지 않을까 싶다.

"사랑합니다."

"그때 미안했어요."

"정말 고마웠어요."

가장 쉬운 말이면서도 입이 묶인 염낭처럼 좀처럼 열기가 힘들다. 설사 그런 마음이 어느 순간 들었다가도 내일도 날이요, 모레도 날인데 하면서 차일피일 미루며 산다. 인생의 오후는 짧기만 한데 아직도 자존심으로, 멋쩍다는 이유로, 정산하지 못한 이해관계를 따지며 망설이고 있는 것이 아닌지 모르겠다. 추위를 물러가게 하는 것은 두꺼운 외투가 아니라 따뜻한 봄이다. 살면서 미처 사랑에 대해 못다 한 말들, 해보지 못한 부드러운 음성, 사용하지 못한 다양한 형용사들이 아쉽다.

아버지가 별세하신 지도 벌써 10년이 지났다. 갑작스럽게 입원하시고, 마지막 한 달간의 연명 기간에도 그저 "힘내세요." 말밖에 하지 못했다. "아버지의 아들로 살아서 정말 자랑스러웠습니다." 그 한마디가 입안을 뱅뱅 돌기만 했다. 삶의 의지가 꺼지지 않았는데 그 말이 마지막 인사 같아서 그랬는지도 모른다. 살아생전 그런 말들을 주고받지 못한 것이 죄스럽기 이를 데 없다. 하지 못한 그 말들이 아쉬워 이젠 산소에 갈 때마다 뒤늦게 용서를 구한다.

세상에서 제일 슬픈 것 중 하나가 사랑하는 사람의 이름을 불러도 대답이 없을 때라고 했다. 오늘이 그 사람을 사랑할 수 있는 마지막 날일 수도 있고, 오늘 무심코 했던 말이 그 사람에게 전하는 마지막 말일 수도 있다. 가슴이 두근거리고, 잘 보이려 애쓰고, 작은 수고도 기꺼이 감내해야 할 사람은 멀리 있는 것이 아니다. 나에게 가장 가깝고, 내가 가장 잘 알고 있는 사람들이다.

지금은 늦은 오후다. 가슴이 벅차오르던 일출의 감격에서 벗어나 아름다운 노을을 맞이하는 감동의 시간이다. 내려놓고 벗어버리고 삶의 영혼을 갈무리하는 시간이다. 앞모습보다는 뒷모습을 바라보는 시간이다. 못난 놈 잘난 놈, 미운 놈 고운 놈 모두 다 따끈한 난롯가에 옹기종기 손 내밀고 모여드는 시간이다. 내 마음을 열어 떨리는 손 편지를 보내면 그도 당장 그리운 안부를 보내올지도 모르겠다.

느리게 가는 달력

시골 친구 집에 들렀다. 농사도 짓고, 자기 좋아하는 일도 하면서 마음 편하게 사는 친구다. 시골집이라 대청마루도 시원하고 공간마다 삶의 품이 넉넉하다. 여기저기 벽에 달력이 걸려 있다. 그런데 달력마다 해당 월이 다르다. 지금이 한여름인데 어떤 것은 3월에, 또 어떤 것은 6월에 멈춰 섰고 심지어 지난해 달력도 버젓이 그대로였다. 그저 세월이 별 의미가 없는, 시간에 얽매이지 않는 삶을 사는 것 같았다.

물론 은퇴했으니 시간에 쫓길 일이 없을 것이다. 그래도 저렇게 무심할까 싶다가도 한편으론 부럽기도 하다. 쉽고, 단순하고, 천천히 사는 삶. 하긴 자연과 더불어 살면 낮과 밤, 계절이 달력인데 날짜와 요일과 달을 정해 한 치의 빈틈도 없이 움직이는 인간의 시간이 무슨 의미가 있을까 싶다. 물고기에게는 물고기의 시간, 새들에게는 새들의 시간이 있어서 그날의 햇빛과 바람과 물결에 따라서 시시각각 변한다고 하지 않던가. 저 느리게 가는 달력도 카이로스처럼 절대적 시간을 임의로 해체하고 자기만의 고유한 시간을 만들어 자유를 만끽하고 있는 것이 아닐까.

평생을 달력에 매여 살았던 것 같다. 연 월간 계획을 세우고, 집안의 대소사를 챙기고, 누군가와의 약속을 지키기 위한 생활계획표였다. 시간의 지배를 받는 꼭두각시처럼 젊었을 때는 달력 없이는 불안하고 초조해서 아무 일도 할 수 없었다. 세상의 모든 것을 집어삼키는 시간에 길들어져 그 하루도 시간과 분 단위로 나눈 시계를 차고 얼마나 바쁘게 살아왔던가. 밤늦게 초침이 째깍거리는 소리가 마치 심장을 바락바락 쥐어짜거나 천둥이 저벅저벅 쫓아오는 것처럼 조급하게 들릴 때도 많았다.

시계는 현재의 시간을 알려줄 뿐이다. 하지만 달력은 과거와 미래, 보이지 않는 시간의 거리를 느끼게 한다. 달력은 가시적이고 공간적인 시간이다. 멈춤 없이 흘러가는 시간의 연속선상에서 일과 일, 주와 주, 월과 월 사이의 멀고 가까움을 인식하게 해준다. 이만큼 시간이 지났구나 저만큼 남았구나, 무슨 요일이구나 무슨 계절이구나, 세월이 가고 오는 감각은 달력이 있기에 가능한 일이다. 그것은 부분이 아니라 전부를 관통하고 순간이 아니라 전체를 관장하는 일이다.

달력의 시간은 어디까지나 주관적이다. 달력에 벌겋게 동그라미를 그려놓은 날짜는 상황마다 기분이 다르다. 애타게 기다리는 사람을 만나는 일은 반가움이고, 시험 날짜가 다가오는 것은 긴장감이다. 중력이 키운 삶의 질량은 이상하게도 힘든 일에는 시간이 느리고, 즐거운 시간은 금방 지나간다. 내가 좋아하는 일에는 시간과 돈과 노력이 아깝지 않은 모양이다.

달력 한 장이 귀한 시절도 있었다. 한 장에 열두 달이 들어 있는 농민 달력이나 국회의원 달력을 안방에 붙여놓으면 일년내내 온 식구가 매달리곤 했다. 하루 한 장짜리 일력은 모두가 잘 보이는 마루 한가운데에 걸려 있었는데 마치 집안의 좌표이자 등불 같았다. 습자지처럼 얇고 부드러운 일력을 아침마다 한 장씩 뜯어내는 일은 집안의 가장인 아버지에게만 가능한 일이었다. 아침을 여는 수행자처럼 하루의 첫 일과였고, 진중하고 조심스러운 그 행위는 가족의 무탈과 안녕을 기원하는 경건한 기도 같았다.

지금은 달력이 넘쳐난다. 보이는 벽마다, 방마다 자기만의 달력을 내걸 만큼 풍부해졌지만 정작 별반 사용하지 않는다. 미관상이기도 하고, 요즘 편리하고 실용적인 스마트폰이 있으니까 굳이 달력이 필요치 않은 탓도 있다. 달력이 없으니 시간을 멀리, 넓게 보는 거시감도 없어지는 것 같다. 동서남북 방향감각도 없이 내비게이션이 시키는 대로 운전하는 것처럼 날짜가 되면 기계가 알려주는 대로 단편적으로 움직이는 현대인이다.

내 서재에는 간지 달력이 벽에 걸려 있다. 제삿날을 찾고 축문을 쓰기 위해서는 양 음력 날짜와 한자, 24절기, 간지를 모두 표기해 놓은 달력이 필요해서다. 그림도 없이 숫자만 덩그런 달력에 빨간 동그라미를 치고, 별표도 하고, 간략한 메모도 적어둔다. 그러면 그 달력에 우리 식구들 기념일이 들어와 살고, 앞으로 일어날 일에 대한 상상과 풍경이 스멀스멀 떠오른다.

지나간 달력을 보고 있으면 숫자마다 색소 분리 실험처럼 그 어디쯤의 시간이 뚝뚝 떨어져나올 것 같다. 기억의 방처럼 어느 날과 계절이 들락날락하고, 삶의 편린처럼 그리움과 아쉬움이 배회한다. 그곳엔 출생, 입학, 졸업, 입사, 결혼, 퇴직 등 가족들의 연대기가 필사본처럼 저장되어 있다. 달력을 한 장씩 뜯어내면서 삶의 고비를 견뎌낸 한숨 소리도 있을 것이고, 놓치고 싶지 않은 간절함도, 떨쳐버리고 싶어도 끈질기게 남아 있는 고통이나 상처의 흔적도 있을 것이다.

그럴 때마다 아쉬움이 많다. 성취와 성공하지 못하고 흘려보낸 시간에 대한 미련이 아니라, 왜 보다 즐겁고 행복한 시간을 보내지 못했을까 하는 후회이다. 달력을 넘기기 전에 해야 했던 미안하다는 사과도, 사랑의 말도, 아픔을 나눌 위로도 모두 되돌릴 수 없는 어제의 일이 되고 말았다. 인생은 왕복이 없는 편도승차권이다. 이미 지나버린 일들이 삶의 주제이며 전부가 되어서는 안 되겠지만 앞으로 남은 시간이나마 아쉬움과 후회 없는 날이 되었으면 좋겠다.

 이제 나도 느리게 가는 달력을 갖고 싶다. 남과 비교하거나 남에게 보여주기 위한 삶은 이제 지쳤다. 남보다 잘하는 것이 아니라 내가 좋아하는 삶을 살고 싶다. 직선보다 훨씬 먼 곡선의 길일지라도 내가 즐겁고 마음이 편해지는 일, 본연의 나 자신과 함께하는 삶을 찾아야 할 것 같다. 시간을 주물럭거려 느리게 살 수 있다면 그것도 노년의 행복이고 미학이 아닐까 한다.

 언젠가는 내 방의 달력도 멈출 날이 있을 것이다. 죽음이 오면 자연스러운 일이다. 자식들이 나의 유품을 얼마나 더 그대로 둘지는 모르지만 어느 계절, 어느 달에 달력이 그 자리에 머물 것이다. 그 달력을 이제 더 이상 들여다볼 사람이 없어졌기 때문이다. 그리운 사람을 만날 날짜를 세고, 부모님의 제삿날이나 생일날을 챙기든 소박한 한 인생이 끝난 것이다. 나의 시간도 드디어 멈춘 것이다.

미리 써본 유서

　아버지 산소에 갔다. 증조부부터 모시는 선산이다. 망자의 정령이 모인 터에도 봄은 오는지 파릇한 생명이 생동거리며 고개를 들고 있다. 멀리서 해토머리 봄바람이 불어올 때마다 산 아래 산수유 무리부터 입덧을 시작하고 언덕배기 다랑이 밭들도 층층이 겨울잠을 푼다. 겨우내 차디찬 허공을 뛰어다니던 산까치가 미루나무 꼭대기에 밤송이 같은 집을 완공할 채비를 서두르고 있다. 곧 산란이 시작될 모양이다. 희망의 계절이다.
　아버지는 죽음에 대해 무척 허망해하셨다. 적지 않게 산 나이였지만 우연히 발견된 병으로 갑작스러운 죽음을 맞이하는 바람에 상심이 크셨다. 죽음을 반길 사람은 없다. 아버지도 그랬다. 죽음이 무섭다기보다는 이 세상을 더 살고 싶어 했다. 해야 할 일이

태산같이 많이 남았다고 삶에 욕심을 내셨다.

입원하고 있던 어느 날 아침, 상시 하고 있어야 하던 산소마스크를 당신 손으로 갑자기 떼어버린 일이 있었다. 모든 병이 다 나았으니 퇴원해도 좋다고, 전날 밤 꿈에 분명한 신의 음성을 들었다는 것이다. 절망의 늪에서 빠져나온 사람처럼 희망과 기대에 부풀어 순간적으로 환하게 밝아졌던 표정을 지금도 잊을 수가 없다. 얼마나 살고 싶으셨으면 환영이 현실이 되었을까. 사실이 아님을 깨닫고서 며칠 뒤 생명의 끈을 놓으셨다.

죽음은 누구에게나 일어나는 일이다. 조금 늦고 빠를 뿐 언젠가는 가야 하는 길이다. 건강관리를 잘하고 안전사고를 조심해서 좀 더 오래 살 수는 있지만 죽지 않기 위해 발버둥 친다고 해결될 일은 아니다. '죽음도 삶의 한 과정'이라던 법정 스님의 말처럼 종교도 편안한 죽음을 맞이하기 위한 깨달음의 한 방편일 것이다. 생명에 대한 맹목적인 집착이나 욕망보다는 죽음 앞에 솔직해지고 당당해서, 담담하게 받아들이는 것도 행복의 조건이 아닐까 한다.

흔히 죽음을 이야기하면 재수 없는 소리라고 거부반응부터 보인다. 나이 든 사람들도 아직 먼 뒷날의 이야기라고 밀쳐놓고, 젊은 사람들은 자기와는 아무 관계가 없다는 듯 생뚱맞다는 표정을 짓는다. 맞는 말이다. 죽음이 반갑거나 듣기 좋은 말은 아니다. 하지만 터부시한다고 일어나지 않는 일도 아니다. 사건·사고는 예고도 없이 언제 어디서나, 남녀노소 구분도 없이 누구에게나 일어날 수 있다. 불행은 남들에게만 있으라는 법은 더더욱 없다. 알고 보면 삶과 죽음은 서로 동떨어진 무엇이 아니라 빛과 그림자처럼 서로의 이면일 뿐이었다. 클림트의 〈죽음과 삶〉 그림에서 보듯 죽음은 삶의 바로 옆에 서 있는 것이 아닐까 한다.

아버지는 죽음을 통고받고 한 달을 넘기지 못하셨다. 정신은 온전하셔서 사후 뒤처리와 유언도 하셨고, 가까운 지인이나 친인척과도 문병을 겸한 마지막 인사도 나누었다. 죽음이 예정되어 있었기에 사후 과정을 준비할 수 있어서 그나마 다행이었다.

내가 갑자기 세상에서 없어진다면?

나이도 들고, 예상치 못했던 신체 이상징후도 불쑥불쑥 나타나니까 가끔 그런 생각이 든다. 헛헛하고 씁쓸한 마음이 앞선다. 새처럼 허공에 발자국도 남기지 않으면 좋으련만, 이렇게 저렇게 떠나는 나의 뒷모습은 어떠할까. 그래도 현실이라면, 생에 미련은 없다고 해도 사후 바람은 있을 것 같다.

사후에 대해 주변 가족과 진지한 논의를 해본 적이 없다. 나의 의도를 모르는 이상 임의로 뒤처리할 것은 자명한 일이다. 고령이나 질병처럼 자연사라면 사전에 유언 한마디, 어느 정도 삶의 뒷정리도 할 수 있겠지만 교통사고나 심장마비처럼 돌발적인 상황에서는 어쩔 수 없는 일이라고 생각하니 괜히 조바심이 인다. 죽음을 인정하게 되면 사후 과정도 진지하게 받아들여야 하지 않을까 싶다.

　더군다나 요즘은 1인 가구 시대다. 결혼은 안 하고, 이혼은 많고, 수명은 늘어난다. 친척은 없어지고 가족은 무덤덤해졌다. 타인과 어울리는 것보다 혼자서 자기만의 삶을 즐기는 세상이다. 혼밥, 혼술 등 혼자 사는 문화가 일반화되었다. 몸이 아프거나 위급한 일이 생겨도 옆에서 챙겨줄 사람이 없다. 자기 삶에 대한 책임을 오롯이 혼자 짊어지고 가야 한다. 그래도 좋단다. 독립성과 자유를 이유로 자신만이 누릴 수 있는 주거 공간만 중요시할 뿐이다. 자의든 타의든 나 홀로 가정은 앞으로도 늘어날 것이라고 한다.

　나도 혼자 산다. 시골에 멀리 떨어져 있어 들락거리는 사람도 없고, 자식들도 자주 만나기 쉽지 않다. 깊은 산속 외발로 홀로 서 있는 황새와 다름없다. 혼자 살아 외롭거나 불편한 것은 없다. 나의 존재와 정체성을 의식하고 살지만, 그것도 내가 살아 있을 때 가능한 이야기이다. 갑자기 정신이 혼미하거나 심한 어지럼증, 심장이라도 은근히 아파져 오는 날이 있으면 덜컥 겁이 난다. 스스로, 또는 주변에서 아직은 젊다고 말하지만 어디까지나 신체적 나이일 뿐이다. 오늘 하루의 결과는 오직 신만 알 뿐이다.

　유서라는 게 꼭 생을 하직하는 사람만 필요한 게 아닐 것이다. 나를 돌아보고 오늘의 삶에 의미와 가치를 더할 수 있는 계기가 될 수도 있다. 내가 걸어온 길은 앞으로 내가 가야 할 길의 이유가 된다. 남보다 더 많이 갖고, 남보다 더 잘살아야 한다는 강박관

념 때문에 내 삶이 힘들었던 것은 아니었을까. 무엇이 귀하고 중한 것인지, 어떻게 살아야 잘 사는 것인지를 몰라 세상 탓만 하면서 결핍 증세만 느껴오지 않았을까. 나만 올곧은 줄 알고 '다름'을 '틀림'으로 주장하며 자기중심적이고 자기도취적으로만 살아온 것은 아니었을까. 죽음 앞에서는 살아가며 악착했던 서운함도, 미움도, 그리움도 모두 다 내려놓게 되는 것 같다.

장례는 어떻게 해 달라는지, 남겨진 유품 중 내게 의미 있고 소중한 것은 무엇이었는지, 자산 관계는 어떻게 되는지, 꼭 하고 싶은 말은 무엇인지, 나의 죽음을 알려주어야 할 평생 마음을 나눈 친구는 누구인지, 혹시 의식이 없거나 내가 나를 몰라보는 일이 생긴다면 어떻게 처리해달라든지.

죽음 앞에 자연스러워지려 한다. 오늘과 내일을 분별없이 취하듯 생전과 사후를 무람없이 인식해 보려 한다. 자필로 잘 정리한 유서를 누군가에게 잘 보이도록 벽에 부착하고 보니 오히려 마음이 차분해지고 편안해진다. 추가할 내용이 생길 때마다, 마음이 변할 때마다 그때그때 유서도 '오늘의 운세'처럼 바꿔 써놓을 작정이다. '사전연명의료의향서'도 그런 마음의 의지로 이미 등록해두었다.

어느 시인의 말처럼 '새벽하늘에 걸린 별은 밤새 떠난 이들이 남긴 유서'라는데, 마지막이 되어서야 비로소 미안하다, 사랑한다는 말이 떠오르는지 모르겠다. 빠뜨린 게 있다. 살아온 소감도 한마디 유서에 첨부해야겠다. '더 친절하게 살걸!'

미니멀 라이프

　동창회에 다녀왔다. 늙은 나이가 되었으니 이제 편하게 살아가 자는 이야기뿐이다. 재담 좋은 친구들이 "버려라!" "비워라!" 하며 홀가분한 살림살이를 조언한다. 집 평수도 줄이고, 불필요한 물건도 정리하고, 세상사에 너무 얽매이지 말란다. 버릴 만큼 넉넉한 생활은 아니지만 그래도 돌아보면 자기가 좋아하는 기호나 취미에 대한 애착, 당장 필요는 없지만 나중과 만일을 생각한 비축, 효율과 편리만을 따져 사들인 갖가지 생활 도구들이 허다하다.

　'미니멀 라이프'는 필요한 것 이외에는 가지지 않는 생활방식이다. 적게 가짐으로써 마음의 여유를 가지고 삶의 중요한 부분에 집중하는 것에 의미를 둔다. 물건을 적게 가지는 것뿐 아니라 '단순하면서 의미 있는 삶'을 추구하는 방식이다.

천성이 '미니멀리즘'이고 '미니멀리스트'였던 것 같다. 모은 게 없어서 버릴 것도 없고, 욕심낸 게 없어 비울 것도 없는 삶이었다. 그냥 모자라지 않을 정도의 양量으로 족하고, 그냥 사용하기에 불편하지 않을 정도의 질質이면 만족했다. 빛나는 명품이나 편리한 신상품보다는 오래도록 정이든 물건이나 사연이 담긴 애장품을 더 좋아하는 편이다. 남보다 한발 앞서는 유행보다는 나에게 어울리는 편안함과 안정감을 택했다. 힘과 노력은 들어도 의미와 이념에 더 집중하느라 실속 없는 일도 많았다. '분복分福에 안분지족하면 석복惜福하리라.' 믿었다.

의식이나 정서도 그랬다. 의기충천한 젊은 날도 있었지만 결코 크고 화려한 인생을 욕심내지 않았고, 함부로 성공이나 출세를 입에 올리지도 않았다. 영웅적인 행동은커녕 설사 허세라 하더라도 호언장담의 기개도 부려보지 못한 것 같다. 어떻게든 가족을 먹여 살려야 한다는 조바심은 당장 눈앞에 보이는 것, 규칙과 규정에 순응하는 방법 외에는 별다른 수가 없었다. 소확행小確幸, 소소한 것에 만족하고 사느라 소박한 인생이었지만 후회해본 적도 없었다.

누구나 얼굴이나 성격이 다르듯 사람마다 세상 살아가는 방향과 방법도 다르다. 남과 다르다는 의미는 특이한 것이 아니라 특별하다는 것이고 나만이 가진 행복의 감정이다. 삶에 우열과 정오가 없듯이 봄날의 따뜻한 햇볕은 누구네 삶의 공간에도 똑같이 비춰줄

뿐이다. 분명한 내 삶의 기준을 갖고 있기에 서울대 최인철 교수의 말처럼 '행복의 다른 말, 흡족治足한 상태'가 아니었던가 한다.

미니멀 라이프는 어쩌면 자연을 닮은 것 같다. 세상에 어떤 새도 자기 둥지를 크고 호화롭게 꾸미지는 않는다. 비바람 막고 새끼들 키울 수 있는 단칸방이면 족하다. 절대 포식자인 평원의 사자도 먹을 만큼만 사냥할 뿐이지 내일을 위해 저장하지 않는다. 사람이 아닌 이상 움직이지도 못할 만큼 배부르게 먹는 동물은 없다. 세상의 어떤 싹도 자기 시간이 되면 기지개를 켜고 움트는 것을 알묘조장揠苗助長, 성급하고 욕심 많은 인간만이 기다릴 줄을 모른다.

코로나바이러스를 겪었다. '몸은 멀리, 마음은 가까이'하라며 비대면, 사회적 거리두기가 일상화되었다. 너무 많이 만나고, 너무 많이 사용하고, 너무 많이 버려서 발생한 자연재해라고 한다. 확대재생산의 성장 논리에 의해 비우지 못하고 채우기에 급급해 일어난 일이다. 앞으로 인류 전체가 미니멀 라이프로 살지 않으면 지구가 멸망하게 될 것이라는 자연의 경고인지 모른다.

은퇴의 나이가 되었다. 이제 내가 좋아서 하는 일, 나의 삶에 집중하려고 한다. 삶의 속도를 느리게, 천천히, 쉽고 간편하게 살기로 했다. 동시다발적으로 해야 안심이 되던 멀티형 사고도 과감히 버리기로 했다. '에포케Epoché'는 어떨까. 가능하면 세상일에 대응하지 않고 때로는 무관심하게, 속내를 드러내지 않아도 달고 단 무화과처럼 살았으면 좋겠다. 조금 헐렁해지고, 조금 낮아지고, 조금 따뜻해지기로 했다. 무엇보다 남과 비교하지 않는 삶, 겉치레에 신경 쓰지 않는 삶, 욕심부리지 않는 지족자부知足者富의 삶을 살려고 한다.

미니멀 라이프가 단순히 근검절약하는 생활과 축소 지향적인 삶을 의미하는 것은 아닐 것이다. 더구나 꿈도 야망도 없는 무계획적인 삶이나 재미나 즐거움도 없는 단조롭고 건조한 생활이 되어서도 안 되겠다. 목표와 기대치가 없이 살아서 지난날에 대한 원망이나 아쉬움이 덜하다는 결론이라면 그건 인생의 방기일지도 모른다.

정작 버려야 할 것은 마음속에 숨겨져 있는 미움, 질투, 원망이 아닐까 한다. 살아 있는 한 어느 구석에 허영과 탐욕의 씨앗이 남아 있을지도 모른다. 그래서 미니멀 라이프는 세상과 한 발짝 물러나 본 시간이다. 한 치의 여유도 없이 살아왔던 지난날을 돌아보는 시간이고 서로 주고받은 상처를 용서하고 위로하는 시간이다.

소유가 인생의 목적일 수는 없다. 재산이 없는 것은 어쩔 수 없으나 공덕을 쌓지 못한 것은 아쉬운 일이다. 이제 내게 필요한 것은 정신적 공간이다. 물질이 아니라 머릿속의 의식이나 가슴속의 관용으로 삶의 부피를 키워야겠다. 작고 적은 것에 만족하며, 채우기보다는 비우며 살다 보면 행복의 길이 열리리라 믿는다.

따뜻한 눈물

　붉게 노을 진 눈빛이다. 눈꺼풀이 바르르 떨리며 양미간이 흠칫 놀라 움찔거린다. 천둥 번개 같은 예고는 없다. 가슴이 갑자기 후끈 달아오르는가 싶으면 목울대가 느닷없이 울컥거린다. 새벽 안개 자욱한 샘물이 눈시울을 흐리며 벌써 차고 넘친다. 눈동자를 따라 핑 돈 눈물이 연잎에 구르는 이슬방울처럼 주르륵 흘러내린다. 고개를 돌리고, 코를 훌쩍이며 딴짓을 해도 소용이 없다. 눈물은 원래 눈치가 없다.

　눈물을 자주 흘리는 편이다. 생체 노화로 눈물샘을 자극하는 부교감신경이 둔해지고 눈물관이 좁아지면서 일어나는 현상인 탓도 있다. 하품하거나 안구보호를 위해 자연적으로 나오는 본능적인 눈물을 말하는 게 아니다. 슬픔과 기쁨, 공감과 감동, 분노와 고통 등 감정의 변화가 시도 때도 없이 눈물과 함께 따라온다.

어릴 때도 눈물이 많았다. 나를 미워하는 것 같아 서러워서 눈물이 나고, 며칠 함께 지내다 헤어지는 친구는 그리워서 눈물이 났다. 사나이 대장부가, 집안에 든든한 기둥이 되어야 할 장남이 그렇게 마음이 여려서 어떡하냐고 부모님이 혀를 찼다. 차라리 경쟁에서 지고 분한 마음에서나, 극한 어려움을 참고 견뎌낸 강단 있는 눈물이라면 대견해했을지도 모른다. 야무졌던 사촌 동갑내기를 닮으려고 노력도 해보았지만 천성난개天性難改였다. 역시 부모님의 걱정대로 세상 큰소리 한번 쳐보지도 못하고 소박한 행복에 만족하며 산다.

젊어서 눈물이 더 큰 문제였다. 자기 행동 하나하나가 온전한 인격체의 표상이 되는 성인의 눈물은 우선 남이 볼까 봐 궁상맞은 일이었다. TV나 영화를 보다가도, 친구나 직장동료와 대화 중에도, 책을 보거나 무슨 공상을 하다가도 주책없이 눈물이 나왔다. 이성적인 학습은 숨겨진 감성의 본능을 제어하기에는 무리였다.

다행인 것은 무섭거나 슬프다고, 사는 게 힘들다고 나를 위한 눈물을 흘리지는 않았던 것 같다. 개인적인 희로애락 앞에서 원시적인 감정선도 아니고, 마지막 자존심도 아니고, 내 입장을 호소하는 하소연도 아니었다. 사람들이 살아가는 모습, 그저 인간의 아름다운 행동에 대한 몰입에서 나오는 눈물이었다.

인정人情 잃어버리면 인간은 고독해진다고 했던가. 눈물은 타자의 슬픔에 동참하고 연대를 이루는 기표이자 상징이다. 불쌍한 사람에 대한 연민과 동정의 감정은 인간인 이상 누구나 가지고 있다. 공동체 사회의 동행자로서 휴머니즘적인 사고와 행동들, 국가를 위해 의롭고 거룩한 행위나 애국심, 가족 간의 뜨거운 헌신과 사랑하는 모습, 사회적 책임감이나 희생심을 발휘한 사람에 대한 눈물이 매번 눈시울을 훔치게 했다.

나도 누구에겐가 그런 의미 있는 사람이 되고 싶었다. 주변의 모든 이에게 배려와 호의를 베풀 줄 아는 순하고 선한 사람으로 살고 싶었다. 장미보다 안개꽃처럼 나 아닌 누군가를 빛나게 하는 배경이어도 괜찮았다. 이해관계 없이도 사랑과 의리를 먼저 알고, 제 몸이 상하는 줄도 모르고 무의식중에 뛰쳐나갈 수 있는 그런 순수함이라면 더욱 좋았다. 양보심 많은 순한 인상도 좋지만, 무엇보다 배려심 깊은 선한 눈빛을 갖고 싶었다.

선하고 순하게 산다는 것이 쉬운 일이 아니다. 늘 입으로는 옳고 바르게 사는 삶을 외쳤지만 실상 마음과 행동은 그러하지 못했다. 그저 동정이나 연민 정도에 머물렀을 뿐이지 주변 사람들과도 이해관계를 앞세워 경계심과 이기심에 매달려 살아오지 않았나 싶다. 조그만 손해에도 불신과 반목으로 돌아서고, 조그만 상처에도 분노와 증오심에 잠겨 불협화음이 되기 일쑤였던 것 같다.

사람마다 사는 방식이 다르다. 모두 자기의 방법대로, 몸에 익숙한 대로 살아간다. 눈물 한 방울 없이도 세상 요령과 재주로 재미를 붙일 수도 있겠지만 또 누군가는 감사와 양보가 없는 사회가 불안정하고 불편하게 느껴질 수도 있는 일이다. 논리와 이치를 따지기에 앞서 인간적인 감동이, 문명의 편리함에 앞서 사람다운 문화를 꿈꾸는 사람도 분명 더 많이 존재하고 있는 것은 분명하다.

나이가 들었다. 종종 지난 일을 되돌아보고 추억에 잠기는 경우가 많아졌다. 덩달아 눈물도 늘어났다. 그만큼 세상을 바라보는 눈도 관대해지고 온전해졌는가 싶었는데 사실은 그게 아니었다. 남과 이웃, 사회와 세상을 향한 눈물이 아니라 실상은 나를 위해 흘리는 눈물이었다. 그동안 살아온 과정이 어렵고 힘들어서, 가족들에게 미안하고 고마워서, 궁색한 노후가 처량하고 외로워서 나오는 눈물이었다. 어쩌면 열심히 살아온 자신에게도 한 줌의 위로가 필요했는지도 모른다.

하지만 그것은 따뜻한 눈물이 아니었다. 아무리 닭똥 같은 눈물을 흘려도 내 집, 내 삶, 나를 위한 눈물에는 매력도 없고 감동도 없었다. 나밖에 모르고, 대우받으려고 하고, 내 삶을 합리화하려는 자의식에서 나온 눈물이었다. 남이 내 인생을 알아봐 주기를 기대하는 자서전 같은 눈물은 자기 미화이며 허세일 뿐이었다.

손수건은 누군가의 눈물을 닦아주기 위해 준비하는 것이라고 한다. 누군가의 삶을 통해 '나'를 발견하고 서로에게 힘이 되는 존재가 될 수 있다면 무엇보다 가치 있는 눈물이 아닐까 싶다. 이어령 교수도 '눈물 한 방울 없는 이기적인 사람들이 분노와 증오, 저주의 어지러운 사회를 만들고 있다.'라고 임종 전까지 안타까워했다.

눈물이 많은 것이 흠이 될 수는 없다. 눈물이 없는 사람이 의지력이 강해 보이기도 하지만 눈물이 많다고 세상살이가 결코 나약한 것도 아니었다. 인디언들의 경구가 있다. '눈물이 없는 자의 영혼에는 무지개가 뜨지 않는다.' 그렇다면, 더 많이 울어본 사람이 더 많이 반짝인다는 말도 사실이 아닐는지?

잠시, 멀리서 보기

　한때 미국에서 윈도 패션 디자이너(Window Fashions Designer)란 직업으로 살아본 적이 있었다. 창문 장식, 즉 커튼(드라페리)과 블라인드를 디자인하는 일이었다. 미국에서는 실내 분위기를 위해 커튼과 조명을 가장 중요시하고 만만치 않은 비용을 과감하게 투자하는 편이다. 따라서 수천 가지 샘플북의 천을 고르고, 각양각색의 모양을 디자인하고, 솜씨 있게 제작해서 설치하기까지 보통 신경 쓰이는 것이 아니었다. 그중에서도 커튼 천을 고르는 일이 무척 까다로웠다.
　처음에는 시행착오가 많았다. 톱과 다운, 라이닝 색이 서로 조화를 이루지 못한 것도 있었지만 아무리 밝은 햇빛 아래 꼼꼼하게 고른 천이라도 막상 설치해놓고 보면 처음에 생각했던 그런 느낌이 아니었다. 코앞에 샘플북을 본 것과 적당한 거리에서 떨어져 바라본 채도나 명도, 비율과 균형은 또 다른 것이었다.

삶도 마찬가지였던 것 같다. 사랑이나 직업, 인간관계 등 살아오면서 수많은 선택과정에서 알게 모르게 실수나 상처가 많았다. 가족이나 친구, 직장동료에게도 많은 오해와 불신의 순간이 있었고 그로 인해 미움과 원망의 힘든 시기도 있었다. 그럴 때마다 잘못된 판단, 편협하고 이기적인 주장 때문에 일어난 일이라 여기며 때늦은 후회를 하기도 했다. 사랑이 이별이 되고, 우정이 배신이 되는 것은 한순간이었다.

매사에 조급했다. 당장 눈앞의 이익이나 체면에 급급하거나, 순간의 유혹이나 충동에 목매다는 경우가 다반사였다. 불꽃 같은 사랑도 너무 가까우면 구속이 되고, 뜨거운 화로도 너무 다가서면 화상을 입는 법이다. 집착이나 욕망에서 벗어나지를 못해 무슨 일이든 내가 많이 손해 보고, 내가 먼저 억울하다는 생각을 품고 살았다. 하지만 이해관계란 것은 나의 입장과 필요에 따라 언제든지 달라질 수 있는 문제였다.

잠시 시간이 지나고 나서 돌아보면 대부분 오해에서 비롯된 일들이었다. 알고 보면 그에게도 그만의 안목과 방향이 있었고, 그럴만한 이유와 원인이 있었다. 제삼자적 관점이나 상대방의 처지에서 보면 이해할 수도 있는 문제인데 내 경우, 내 현실 상황에서만 따지고 든 것이 문제였다. 너무 가까운 탓에 객관적 실체를 보지 못하고 전체적인 판단을 할 수 없었기 때문이다. 달빛, 별빛을 보기 위해 망원경이 아니라 현미경을 들이대었던 셈이다.

사연 없는 인생이 어디 있으며 까닭 없는 사물이 어디 있을까. 상대방이 힘들어하면 '무슨 일일까?' 하고 한 발짝 물러서서 기다리면 되는데 그렇게 하지를 못했다. 젖어 있는 눈빛이나 떨고 있는 손은 가깝다고 보이는 것이 아니었다. 소통과 화해를 위해서는 적당한 거리가 필요했다. 어디까지나 나와 너의 객체 속에서 필요한 거리를 두고 서로에게 공약수와 교집합을 찾았어야만 했다.

인생은 뫼비우스의 띠와 같다. 좋았다가 나빴다가, 흥했다가 망했다가, 원인이 있으면 결과가 있고 결과가 있으면 반드시 원인이 있는 법이다. 계절이 바뀌고, 방향이 바뀌면 보이지 않던 것들이 드러날 수도 있고 그만큼 새로워지는 계기가 될 수 있다. 그림을 감상하는 것도 어느 시간에, 얼마큼 떨어진 거리와 높이에서, 어느 정도의 이해와 능력에 따라 느낌이 달라지는 것과 같다.

살아 있는 것들은 서로의 삶이 다르다. 취향, 가치, 능력, 언어 등 삶의 목적과 태도가 제각각이다. 그 다른 만큼 자기만의 편향된 시선과 각도에서 판단하는 것은 위험한 일이다. 그 다양성을 존중하고, 그 다름을 인정하는 것이 공동체의 기본 덕목이다. 진정한 연대는 서로의 목소리가 뭉개질 만큼 가깝지 않으면서도 가닿지 못할 만큼 멀지 않은 거리에서 지켜봐 주는 것이 아닐까 한다.

나이가 들어서 그런지 젊은이들에게도 못마땅한 점이 종종 있다. 우리 세대보다 성실하지도 않은 것 같고 삶의 목표나 가치관도 사뭇 비생산적이고 나약하다는 생각도 든다. 공정과 평등을 주장하면서도 자기중심적이고, 주체성과 자율성을 중시하면서도 의존적으로 보이기도 한다. 그렇지만 조금만 멀리서 보면 거기에도 다 관점과 논리가 있고, 또 다른 아픔과 슬픔이 있고, 숨겨진 그들만의 노력과 열정과 삶의 방향이 있다. 상호 간에 이해와 관용의 폭이 없었기 때문에 일어나는 일이다.

멀리서 보는 것이 아름다운 경우가 많다. 시인의 말처럼 가을 산의 단풍도 멀리서 보아야 예쁜 것이지 가까이 다가가면 이파리마다 하나같이 찢어지고 멍들고 구멍 난 투성이다. 삶은 가까이에서 보면 비극이지만 멀리서 보면 희극이라는 말도 있다. 무한한 공간 속에 좌우가 없고, 영원한 시간 속에 앞뒤가 없다는 말도 결국 한 발짝 물러서서 보라는 뜻이 아닐까.

어느 해였던가, 교보문고 광화문 글판에 전봉건의 시가 걸려 있었다. '지키는 일이다. 지켜보는 일이다. 사랑한다는 것은.' 사랑은 적극적으로 용기를 내어 누군가를 지키는 일이면서도 적당한 거리를 두면서 지켜보는 일이기도 하다. 어둠 속에서 믿고 지켜보는 것이 어쩌면 어려움을 이겨내는 힘인지도 모른다.

내 삶에도 여백이 있었으면 좋겠다. 멀리 서야 여백이 보인다. 원인이나 과정도 보이고, 균형미와 절제미도 보인다. 기승전결이 완벽한 수묵화처럼 여백이 있는 삶을 만들고 싶다.

이제, '나'로 살기

　나이가 들어 은퇴하였다. 더 이상 공식적인 직업도 없고, 그물망 같던 사회적 관계에서도 한 발짝 물러났다. 목표지향적 노동이 없으니 삶의 수고와 고통도 한층 덜해진 것 같다. 시골로 귀향하여 자연을 즐기며 욕심 없이 산다. 은퇴했다고, 내게 주어진 시간을 다 쓴 사람마냥 무료와 권태로 여생을 보낼 수는 없다. 남은 과제는 홀로서기다.

　'가지 않은 길'에 대한 미련도 있지만 '걸어온 길'에 대한 후회도 없다. 잘 살았는지 못살았는지에 대한 평가도 '열심히 살았다.'라는 말로 치부해둔다. '어떻게 살 것인가?'에 대한 물음은 평생의 과제였지만 성에 낀 유리창처럼 선명하게 보이지도 않고 또렷하게 들리지도 않았다. 내가 좋아하고, 내가 하고 싶은 일들은 분명 있었다. 상남자 같은 배짱이 없어서 그저 남들 살아가는 것처럼 안정감과 확실함을 택할 수밖에 없었다.

영웅담과 성공드라마가 주된 관심사였다. 냉철한 이성과 뜨거운 야심으로, 어떤 수단과 방법을 동원해서라도 목표와 성과를 이루어내야 했다. 경쟁을 통해 과연 누가 살아남느냐의 문제였다. 살아온 모든 일이 비교를 넘어 경쟁 아닌 일이 없었고, 명예와 이익을 위해서는 경쟁에서 승리하는 것만이 유일한 해결책이었다. 남의 옷을 빌려 입은 것처럼 불편하기 그지없었지만 삶을 포기하지 않는 이상 어쩔 수 없는 일이라고 자신을 정당화했다.

따지고 보면 그것은 진정한 성공도, 행복도 아니었다. 나의 꿈과 낭만이 배제된 성취는 한낱 허깨비 놀음에 불과했다. 불행하지는 않았지만 나 자신으로부터 자유로운 삶도 아니었다. 향기 없는 꽃이거나 그늘 없는 나무나 마찬가지였다. "타인의 시선을 의식하는 사람들은 남을 흡족하게 할 수는 있어도 자신을 흡족하게 할 수는 없다. 우리의 삶이 만족스럽기는 해도 그리 흡족하지 않은 이유는 타인의 기준을 버리지 못하고 있기 때문이다." 서울대 최인철 교수의 조언처럼.

이제 '내가 아닌 나'로 살아온 삶의 굴레를 벗어나야 할 때다. 소유나 집착이 아닌 존재에 대한 사랑, 세상 사람들이 정해준 답에서 벗어나 자신이 선택한 가치와 의미를 추구하는 삶이다. 노자의 말처럼 이제 '바람직한 일'보다는 '하고 싶은 일'을 하고, '좋은 일'보다는 '좋아하는 일'을 해야 할 기회가 온 것이다. 남의 정해준 기준이 아니라 내 눈으로 바라본 세상은 얼마나 자유롭고, 즐겁고 또 신비로운 실험이 될까?

남에게 사랑받고 미움받는 것도 신경 쓰지 않고, 다른 사람에게 잘 보이거나 뭘 맞춰 준다는 생각도 하지 않으니 마음이 홀가분하다. 부러워하거나 시샘, 질투할 일도 없다. 누구의 명령을 받들거나 어떤 의무에 구속당하지도 않는다. 누구에게 휘둘리거나, 아무 곳에나 함부로 뿌리내려야 했던 아픔도 더 이상 없다. 내가 할 수 있는 일만 하며 살다 보면 저절로 삶이 자유롭고 여유로워질 수밖에 없을 것 같다.

자신이 주체가 되는 삶을 위해서는 자기 발견의 과정이 필요할 것 같다. 시간과 노동에서 벗어났다고 내 멋대로 하는 삶이 아니다. 행복할 것만 같았던 은퇴가 뜻밖에 무기력한 자유, 무의미한 시간으로 실망하게 되는 것도 자기를 찾는 과정이 없어서일지도 모른다. 무엇이 나를 가슴 뛰게 하는지, 언제 뜨거운 눈물을 흘려본 적 있는지 진정한 자아의 세계로 귀의하는 일이다.

이제 더 이상 자존심을 내세울 것도 없다. 남과 비교할 일도 없고, 비교해서 느끼는 우월감은 진정한 행복도 아닐 것이다. 자존심을 포기하는 대신 자존감을 얻는 방법을 택해야겠다. 남과의 관계에서 상대적 만족보다 자신과의 관계에서 절대적 보람이 더 중요할 것이다. 자존심은 남과의 비교우위를 통해 달성할 수 있지만 자존감은 내면의 질, 자기 자신에 대한 자신감을 채우는 일이다. 자신의 중심이 단전에 잘 놓여 있는 진중함과 기품을 갖춘 사람이 되고 싶다.

앞으로의 시간은 나를 위한 것이다. 겉이 아니라 속을 들여다보는 시간, 속도가 아니라 방향에 중심을 둔 시간이다. 자유란, '하고 싶은 일을 하는 게 아니라 하기 싫은 일을 하지 않는 것'이라는 말을 명제로 삼는다. 옳고 그름의 지혜보다 좋고 나쁨의 감정으로 단순해지려 한다. '왜?'냐고 더 이상 묻지 않고 가슴이 시키는 대로, 마음이 가는 대로 물 흐르듯 하루를 보내겠다. 마음의 여유를 갖고 모든 일을 쉽고, 간단하고, 그리고 천천히 살려고 한다.

내 행복은 내가 책임지어야겠다. '나 자신에 주목하고 내 삶에 예술가가 돼라.'라는 말이 있다. 무엇으로 행복할지, 어떻게 해야 의미 있는 삶이 될지 사람마다 가치관이나 성향에 따라 다르다. 나의 성城은 크고 화려한 것도 아니고, 남에게 보여주거나 남을 위해서 준비된 것도 아니다. 눈치 보거나 두려워할 이유도 없고 남으로 인해 불편해질 필요도 없다. 나에게 편안하고 풍요로운 시간이면 충분하다. 천하의 사물에는 본바탕이 있으며, 이러한 본성은 쉽게 바뀌지 않는다고 한다.

내일을 위해 오늘을 저당 잡혀서 살아온 삶은 이제 그만하면 됐다. 세상에는 벌과 개미만 사는 게 아니라 나비나 베짱이도 있는 법, 그들이 남들 눈에는 배울 점이 없을지 몰라도 세상에 해를 끼치는 생명은 결코 아니다. 풍각쟁이면 어떻고, 대책 없는 낭만주의자면 또 어떤가. 세상 물정 어두운 간서치看書癡면 어쩌랴. 얼굴만 반지르르한 기름기보다 차라리 서권기가 낫지 않을까. 내게 어울리고 행복한 길이 있다면 그것은 맞고 틀리고의 문제가 아니라 사람 사는 방법의 차이일 뿐이다.

  해마다 신년 첫날, 동해안 일출을 마다하고 왜 나는 서해안 노을을 보러 갔을까? 조용하고 쓸쓸한 것을 좋아하는 낭만적 슬픔, 불편함을 거리낌 없이 받아들일 수 있는 은자隱者적 오기, 고독과 외로움을 당연한 것으로 받아들이는 겁 없는 오만이 내 삶의 지워지지 않는 의문점이었다. 내가 누구인지, 삶의 목적이 무엇이었는지 시간여행을 떠난다면 내가 나를 진심으로 사랑하는 날이 있을지도 모르겠다.

소통의 언어학

　패스트푸드점에 가끔 간다. 나이가 들어선지 아무래도 낯설고 불편한 장소인 것이 사실이다. 무인주문기 사용도 어렵지만, 무엇보다 주문받는 젊은 친구들이 하는 말을 알아듣기가 힘들다. 웅얼웅얼 낮은 목소리로 빠르게, 입도 벌리지 않은 채 복화술처럼 말한다. 노화된 청력 때문인지, 전문용어에 대한 이해 부족인지는 모르겠지만 매번 요점을 놓치고 만다. 마지못해 되물으면 똑같은 말투로 앵무새처럼 반복한다. 사실은, '나이 든 사람이니까 말을 좀 천천히, 또박또박, 큰 목소리로 해주면 좋겠다.'라는 요청인데 이해를 못 한 것인지, 관심이 없는 것인지 그런 것쯤 아랑곳없다.

　그럴 때마다 덜컥 서러움이 앞선다. 어쩌다가 벌써 늙어서 세상 물정과 감각도 무뎌진 노인이 되어버렸나 자책을 한다. 늙어서 무시당한다는 기분 이전에 세상 밖에 멀리 떨어진 것 같은 소외감과 무력감이 몰려온다. 다른 사람의 말을 제대로 듣지도, 이해도 하지 못한 채 지레짐작으로, 눈치껏 고개를 끄덕이는 모양새가 스스로 안타깝다. 남의 말을 혼자 유추해 때로는 동문서답하는 자신이 계면쩍고 안쓰러울 때도 있다.

 말을 주고받는 이유는 소통을 위해서일 것이다. 아무리 좋은 내용, 좋은 의도, 좋은 목소리를 가졌어도 의사전달이 되지 않으면 무용지물이다. 말투나 표정, 손짓, 발짓, 눈짓, 자세, 옷차림 등 비언어적 기호들을 사용하는 이유도 더 원활한 소통을 위해서다. 상대가 내 말을 알아들어야 이해와 교감도 가능한 일인데 내 할 말만 다 했다는 식이면 허공에 내뱉는 소음과 다를 바가 없을 것 같다.

 말이란 자기의 생각을 소리로 전달하는 수단이다. 제한된 어휘 내에서 가장 잘 들어맞는 단어를 골라 사용한다 해도 전달에는 늘 부조화가 발생한다. 사람마다 저마다의 직업과 나이, 거주지역 등에 따라 집단문화의 차이가 있다. 개인적인 가치, 정서, 관습, 학습, 정보 등에 따라 받아들이는 우선순위가 다르고 이해나 인식의 비중에도 차이가 있다. 유머를 유머로 이해하지 못하거나 웃음 코드가 서로 달라 어색한 분위기를 만들기도 한다. 문제는 그러한 사실을 간과한 채 상대방도 자기와 똑같은 줄 착각하는 데 있다.

 나는 농담으로 한 말이지만 상대에게는 마음의 상처가 되기도 하고, 격려나 조언에서 한 말들이 유세나 간섭으로 받아들여지기도 한다. 염화시중처럼 말이 없어도 마음과 마음이 소통할 수 있으면 좋겠지만, 소리 공양한답시고 말이 너무 많아서 소음이 될 수도 있는 것이다. 무심코 뱉은 한마디 말 때문에 서로 간에 오해와 혼란이 일어나는 경우도 허다하다. 성의를 보인다는 것이 잔소리가 될 수도 있고, 상투적인 위로가 때로는 귀찮은 일이 될 수도 있다.

돌아보면 나부터 이기적이었던 것 같다. 소통이 안 되면 상대가 말귀를 못 알아듣는다고 먼저 트집부터 잡았다. 주의력이나 이해력이 부족한 것이 아닌지 의심부터 하려 들고 답답하다며 고개를 절레절레 흔들거나 속으로 한숨을 내뱉기도 했다. 당신이 하는 말은 내가 다 알아듣고 있는데, 내가 하는 말을 왜 못 알아듣느냐고 다그치며 거들먹거리지 않았나 모르겠다.

상대가 말을 잘 못 알아듣는 것은 결국은 내가 말을 잘하지 못했기 때문이다. 상대가 이해하기 쉽게 말하지 않고 내 기준으로, 내 방식으로만 이야기해서이다. 본심을 숨기고 왜곡하거나, 불편한 감정을 빗대어서 말하는 때도 있었다. 말에 요점과 두서가 없거나, 부정확한 발음이나 음절이 불분명한 말투가 문제가 될 수도 있었다. 소통 장애의 원인은 상대에 대한 무관심과 무성의, 무례와 무지에서 비롯된 것이 아닌가 한다.

남의 말이 알아듣기 쉬운 이유도 마찬가지이다. 내가 잘나고 이해력이 좋아서가 아니라 상대방이 나를 위해 알아듣기 쉽게, 요령 있게 이야기를 해서이다. 이야기 주제를 미리 언급하고 말을 꺼낸다거나, 결론부터 먼저 이야기한다든지, 요점을 간결하게 표현한다든지, 못 알아들으면 다른 용어로 바꾼다든지 성의와 배려를 가지고 말을 하기 때문이다. 똑똑한 것은 내가 아니라 상대방이다.

내가 하는 말이 어려워 혹시 되묻지나 않았는지, 내가 하는 말이 아리송해 불편하지나 않았는지, 밑도 끝도 없는 유행어나 막무가내로 줄임말을 남발해 당황하지나 않았는지 되돌아볼 일이다.

같은 말을 하여도 그 말을 '어떻게' 하느냐에 따라 의미가 달라진다. 어느 소설에 나온 이야기다. 퇴근한 남편에게 아내가 당신 요즘 회사에서 점심은 뭘 먹느냐고 묻는다. 설렁탕이나 비빔밥이나 육개장, 뻔한 일인데 그게 뭐가 중요한 일이냐고 남편이 화를 내며 퉁명스럽게 대답한다. 아내는 남편의 섭생을 생각해 균형 있는 저녁 식사를 마련하기 위해 물었던 것이다. 둘 다 잘못은 없다. 다만 의도를 먼저 표현하고 내용을 물었다면 그런 오해는 없었을 것을, 말보다 소통과 교감이 문제였다.

내가 만든 소리는 나의 언어가 되어 완성된다. 내가 하고 싶은 말보다 그가 듣고 싶은 말, 내가 하기 쉬운 말보다 그가 알아듣기 편한 말이 어떨까. 거기에는 '말'에 앞서 당신을 생각하는 '마음'이 먼저다.

내 ID는 '까시남'

까시남. '까칠한 시골 남자'란 뜻이다. 남들이 나를 그렇게 부르고, 나도 남들 앞에 스스럼없이 인정한다. 늙어서도 아니고, 시골이어서도 아니다. 젊어서 도시에 살 때도 원래 까칠한 성격이었다.

매너나 에티켓, 몰상식하거나 경우 없는 꼴을 못 본다. 교통 규칙이나 사회적 약속과 규범 위반, 환경 훼손 등 혼자만의 이기적인 행위에 쌍심지를 켜고 참견을 한다. 대화할 때 잘못된 용어나 문법적 오류도 말꼬리를 잡고 쉽게 넘어가지를 못한다. 매너가 사람을 만드는 법이라며 때와 장소를 가리지 않고 내 일, 남의 일 상관없이 시시비비를 따지려 든다.

따지고 보면 잘못은 없다. 공공질서를 지키자는데, 남에게 피해를 주지 말자는데 오히려 박수받아야 할 일 아니냐고 스스로 반문한다. 비록 시민 영웅이나 희생적인 봉사심까지는 아니더라도, 남의 일에 나 몰라라 하는 세상에 때로는 돈키호테 같은 의협심도 필요한 것 아니냐고 혼자 성토한다.

하지만 주위에서는 나를 불편해한다. 좀 너그럽고 만만한 구석이 있어야 하는데 매사에 따지고 들고 까다롭게 구니까 항상 긴장된 분위기를 만든다고 탓한다. 식구들도 걱정한다. 내 일도 아닌데 요령 없이 뭐하러 남 일에 신경 쓰냐고 꾸짖는다. 나이도 있는데 함부로 나서다가 엉뚱한 해나 입지 않을까 염려한다.

모르는 체하고 싶은데 그게 안 된다. '느긋하게 살자!' 마음속에 다짐하고서도 하루 이틀 지나면 마찬가지다. 자기 자신이 너무 남을 의식해서 원칙대로 행동하다 보니 상대적인 보상심리에서 나오는 것일까? 힘들고 외로운 세상 견뎌내느라 내가 알지 못하는 어떤 자존감 결핍 같은 것이라고 있는 것일까? 하우불이下愚不移라고, 어리석고 못난 사람의 버릇은 쉽게 고쳐지지 않는 모양이다.

문제는 따로 있다. 그럴수록 내가 타인에게 불신의 마음과 화풀이 식 행동이 되어간다는 것이다. 나이가 들어도 사라지지 않는 호불호의 경계, 한번 상한 자존심은 쉽게 풀리지 않는 극과 극의 방정식으로 세상을 몰아가고 있기 때문이다. 그저 내 방식대로, 내가 좋아하는 것만, 유유상종을 내세우며 내 코드와 내 취향에 맞지 않으면 거리를 두려고만 한다. 사람을 사랑하는 마음이 없이 오직 감독자의 관점에서 평가하려고 대드니까 모든 것이 미흡하고 불만스럽게만 보이는 것 같다.

의리와 정의를 내세우지만 어쩌면 나로 인해 무안하고 당황하거나, 마음에 상처받은 사람들도 많았으리라. 공정이나 불평등 같은 거대 담론도 아니고 그저 모범적인 시민의식 문제를 두고 그걸 이 시대만의 절대적 과제인 양 심한 거부감을 드러낼 필요까지는 없었다. 어쩌면 불공정해 보이는 세상 모든 일이 그것도 사람 살아가는 방법이고 먹고사는 과정이 아닌가도 싶다. 자연에 여러 가지 모양과 색깔이 모여 조화를 이루는 것처럼 사람 또한 이런저런 모습들이 어울려 웃고 떠들며 살아가는 세상이 아닌가.

성진 스님은 '세상에서 제일 무서운 것은 나 자신'이라고 했다. 남에 대한 평가나 공공질서 의식은 투철했지만 정작 나에 대해서는 까칠한 눈으로 바라보지 못한 것은 아니었을까? 남의 실수에 대해 이해와 관용으로 받아들이는 넉넉한 마음, 타박에 앞서 칭찬이나 미담이 먼저여야 하지 않았을까 싶다.

어떻게 살아야 제대로 사는 것이라고 단정할 수는 없겠다. 하지만 세상에 대해 호의적은 아니어도 선하게는 바라볼 필요가 있지 않을까 싶다. 삶을 가볍게 하는 대신 구들장처럼 따뜻한 마음으로 무장해야겠다. 까칠해서 부담스러운 것보다는, 사람이 따뜻해서 '따시남' 소리를 듣고 산다면 더 좋은 일이 아닐까?

2부

사물을 엿보다

쇠꽃, 향기 머물다

등대, 희망을 품다

가면, 나 아닌 나

시래기, 정情을 살찌우다

밑돌, 그 이름처럼

신발, 그 속살을 보다

씨앗, 다시 꿈꾸다

마당, 그 평화롭던 날들

옹이, 그 아픔을 읽다

이끼, 꽃으로 피어나다

쇠꽃, 향기 머물다

 둥글둥글한 버섯들 군생처럼 옹기종기 처마를 맞댄 시골 마을이다. 한 해의 결실을 보고 난 뒤의 들판은 허무인지 여유인지 텅 빈 충만의 그림자를 길게 드리웠다. 담장 너머 등불처럼 붉게 매달린 홍시가 방학 때마다 외갓집 오고 가는 길목처럼 정겹기만 하다. 숲속 어딘가에서 갑자기 허공으로 높이 날아오른 새가 폐곡선을 그리며 다시 제자리로 돌아온다. 선들선들한 바람이 조붓한 돌담길을 따라 마을을 안내하듯 앞장선다. 오래된 시골집이다. 귀향을 염두에 두고 잠시 머물 거처를 찾던 중이었다.
 뒤란에서 불어오는 대숲 바람, 호박넝쿨 타고 오르는 낮은 돌담, 우물가 옆에 돌확이나 숫돌이 주인 잃은 빈집을 지키고 있다. 한때는 올망졸망한 자식들 앞세운 일가족이 등가죽 따뜻하게 살던 집이었으리라. 사람 냄새 들썩거리던 온기는 사라지고 시간의 덫에 걸린 풍경만 먼 산 뻐꾸기 울음처럼 휑뎅그렁 남겨졌다. 눈길 머무는 대문 옆 허청에 가지런히 놓인 농기구들이 눈에 띄었다.

조가비처럼 닳고 닳아 뭉툭해진 호미며 낫, 손잡이가 낡아 푸석이는 괭이와 삽, 헛간 안쪽에는 오래된 보습이나 쇠스랑도 동면하듯 웅크리고 있다. 사용한 지 오래되어 하나같이 쇠붙이마다 붉은 녹이 슬었다. 비록 낡고 오래되어 볼품없지만, 주인과 함께 평생 한몸이 되어 살았던 삶의 도구들이다. 한 가족의 역사이고 주인의 생애가 그대로 읽히는 것 같다. 이제 모두 먼 세상으로 떠난 지금, 살아생전 주인이 쏟았던 새척지근한 땀내만 낙오병처럼 남아 침묵 속에 묵은 시간을 붙잡고 있다.

저 쇳덩이에 이끼처럼 달라붙은, 붉은 강낭콩보다 더 서러운 쇠녹이 처연하게도 보인다. 시간의 모서리마다 조금씩 허물어져 가는 쇠의 부식은 또한 스산하고 처량하다. 불그죽죽한 녹이 세상에서 가장 슬픈 색이 될 줄은 미처 몰랐다. 죽기 전에 피는 것이 꽃이라면, 차갑고 단단한 무쇠가 온몸을 불태워 열정을 쏟은 후에 비로소 꽃이 되는 것을 눈앞에 지금 보았다.

녹이 뱉어낸 쇠의 꽃, 마지막 제 목숨을 소신공양하는 듯 온몸에 불을 질러 붉은 융단을 펼쳐놓았다. 잎도 줄기도 없이 마냥 붉기만 한, 기름기 빠진 무쇠가 그런 식으로 자신의 생生을 비워내고 있는 것일까. 향기 또한 인고의 시간만큼 비릿하고 시큼하다.

짐 진 삶의 무게를 버텨내느라 평생 단내 나는 통증만 꿀꺽꿀꺽 삼켰던 모양이다. 대뜸 꽃말이 궁금해지는 것은 웬일일까.

이제는 녹슬고 부식된 쇠붙이지만 처음에는 대장간 불내 풀풀 날리며 날렵한 자태를 뽐냈으리라. 세상 무슨 일이든 감당하려는 듯 당당하고 강단 있는 모습이었을 것이다. 마른 땅이든, 진 땅이든 주인과 함께하는 길을 두려워하지도, 망설이지도 않았다. 밤낮도 없고, 비바람이 몰아치는 날에도 불평 한마디 없이 척박한 농토를 일구느라 바윗돌에 온몸이 부딪쳐도 참고 견뎌냈으리라.

보릿고개를 이겨내고 생때같은 식솔들 목숨을 거두느라 고난의 세월을 주인과 함께했을 것이다. 어떻게 하면 내 식구 배불리 먹일 수 있을까, 어떻게 하면 내 자식들 도시로 보내 공부시킬 수 있을까. 오장육부를 떼어주고 뼈를 갈아 자식 몸에 붙여주느라 모든 것을 수고하고 희생한 땀내를 저들은 기억하고 있을 것이다. 앉으나 서나 일밖에 모르는 지난한 삶에 지친 몸 한번 제대로 펴보지 못하는 날들이었다.

만추의 낙엽 하나가 그 메마른 무게로 계절을 바꾸었듯이 작고 시커먼 쇠붙이지만 결코 가볍지 않은 삶의 내력을 가졌다. 녹진한 세월을 증명이라도 하듯 살이 빠져나간 자리에 쇠골이 깊어졌지만, 그들이야말로 특별하고 위대한 우리 부모들의 유산이 아닐 수 없다. 온몸에 흙내가 물씬 밴 저 쇳덩이 하나하나가 삶의 전부이고, 생을 버텨낸 유일한 무기였을 그들의 노고가 눈앞에 그려진다.

저 쇠꽃은 희생과 헌신 뒤에 얻을 수 있는 영광의 빛이고 결이다. 비록 내 몸은 닳고 부서져 없어지지만, 사랑하는 그 누군가를 위해 뼈를 깎는 아픔과 고통을 참고 견뎌낸 땀이고 눈물의 결정체다. 그래서 쇠의 우담바라이고, 어둠 속에 반짝이는 염화시중의 미소일지도 모른다. 평생을 오체투지로 걸어온 저 쇠꽃이야말로 바람에도 흔들리지 않고, 천둥에도 꺾이지 않는 꽃 중의 꽃이다. 벌 나비 날아든 적 없지만, 그 어느 보석보다 빛나고 향기로운 꽃이다.

저 녹슬어 사라져가는 쇠꽃이 노인 얼굴에 검버섯을 보듯 슬프게도 느껴진다. 인생처럼 한 줌의 가루가 되어 자연으로 회귀하는 일이다. 그러나 꽃이 된 녹은 또 내일의 씨앗을 함께 품고 있는 셈이다. 사라져간다는 것은 어쩌면 새로운 탄생을 위한 눈부신 산화일지도 모른다. 원래의 본성으로 되돌아갈 수 있는 생을 가졌다는 것은 얼마나 귀하고 다행한 일인가. '사라진다'를 힘주어 읽으면 '살아진다'가 되는 것처럼 다시 원점에서 시작한다는 뜻이다.

이제 세상을 등지고 붉게 물들어 가고 있는 저 쇠붙이들이 어쩌면 '녹'이 될 수도 있고 '꽃'이 될 수도 있는 경계를 생각해본다. 힘든 삶이라고 좌절과 포기로 손을 놓는 것과 고난과 역경을 이겨낸 뒤에 얻어지는 결과의 차이가 아닐까 한다. 고통 없는 인생은 없을 것이다. 비록 쇠하여 없어질 몸이지만 삶의 끝머리가 녹이 아니라 꽃이 될 수 있도록 최선을 다하여 살아볼 일이다.

사람이든 사물이든 열정을 다해 노력하다 맞이하는 종말은 아름답다. 저 농기구의 붉은 녹도 대나무처럼 자기의 모든 힘을 다 쏟아내고 죽기 전에 단 한 번 피우는 무쇠의 열꽃이 아니던가. 생애 마지막에 피는 찬연한 꽃, 물과 햇볕 없이 소금기로 자라는 세상에서 가장 무겁고 뜨거운 꽃이다. 호미는 호미대로, 곡괭이는 곡괭이대로 지나온 삶의 비문 같은 쇠꽃에 손을 얹어보면 가을 햇살 가득한 그리움이 손금 사이로 배여 나올 것 같다.

등대, 희망을 품다

별빛도 없는 밤, 길 잃은 망망대해를 혼자 날갯짓하고 있었다. 위치와 방향을 상실한 채였다. 비행각은 삭풍에 가파르고 심장소리는 두려움에 막막조였다. 칠흑 같은 어둠, 산 같은 너울, 침묵으로 염장 된 시간 속에 불빛만이 유일한 탈출구였다. 날갯짓에 기운이 빠져나갈수록 무력감과 절망감도 그 무게만큼 커져만 갔다. 한시바삐 등대를 찾아야 한다.

길 잃은 자에게 먼 곳의 불빛은 구원의 섬광이다. 어머니 품속 같은 안도감이고, 멀리 두고 온 연인처럼 끝없는 그리움의 대상이다. 혼자가 아님을 위로하는 존재의 등불이고, 가야 할 방향을 길라잡이 하는 삶의 나침반이다. 믿음과 같은 거였다. 자전거를 배울 때 뒤에서 받쳐주고 있다고 믿으면 손을 놔도 넘어지지 않는 것처럼.

하얀 등대였다. 원통형 기둥에 방서모를 쓴 신사의 기품이다. 육지 끝머리에 묵상하듯 성자의 자세로 홀로 서 있다. 목화송이 피어나듯 뭉게구름이 하늘에 섬처럼 떠 있고, 갈맷빛 바다에는 갯바위로 밀려드는 포말이 조팝꽃숭어리 흔들리듯 하얗게 눈부시다. 짭조름한 갯내음과 청신한 해풍을 실은 아침 바다의 정조가 안식과 평안의 증표처럼 부유하고 있다.

밤새 먼 바다에서 돌아온 괭이갈매기 한 마리가 등대 난간에 앉아 지친 날개를 접는다. 비구름 떼를 힘들게 건너온 듯 몸과 마음이 온통 상처투성이다. 아침햇살이 빗살무늬로 퍼지며 허공에 내려앉는다. 묵시록 같은 그의 눈빛 속에 먼바다의 꿈, 사랑, 동경, 항해, 자유로운 비상의 여명이 어른거린다.

등대는 바다의 꽃이고 영혼의 빛이다. 붙박이 나무처럼 언제나 그 자리에서 떠나보냄과 기다림의 생애로, 땅과 바다의 경계로, 직립과 수평의 구도로 존재한다. 뭍은 안전지대이고 등대는 안식처의 표식이다. 바다를 가로지르는 철새들이 유목민이라면 날아든 씨앗처럼 노박이로 뿌리 내린 등대는 토착민이다. 세상 밖에 유랑하는 모든 생명이 언제나 달려가면 내남없이 반겨줄 고향 같은 존재이다. 지치거나 외롭고 힘든 자에게 여유와 치유의 쉼터이고, 안녕과 위안의 등받이가 되어 밤마다 장명등 불빛을 밝혀놓고 있다.

평탄하고 안유한 자리는 결코 아니다. 외딴 섬이나 곶, 만, 협수로, 벼랑처럼 험한 곳에 위치해서 날고 걷고 헤엄치는 모든 숨 탄 것들을 험하지 않은 곳으로 인도한다. 바람막이 하나 없는 폭풍과 거친 풍랑을 온몸으로 막아내고 한설 삭풍의 추위도 홀로 견뎌내야 한다. 세상 설움이 혹독해도 결코 흔들리거나 움츠러드는 법이 없이 무게중심은 언제나 정확하다. 부모가 자식 때문에 불만하지 않는 것처럼 자기 자리에 대한 태생적 수고와 의무를 원망하는 일도 없이 절대적 사랑과 희생이 등대의 본질이다.

그는 고독하면서도 자유롭다. 혼자라는 외로움이나, 유한적인 생명 앞에서 견유나 대책 없는 허무주의가 아니다. 죽음도, 부패도, 멈춤도 없는 바다. 끝없는 대자연의 생명력 앞에서 홀로 등불을 밝혀 후회 없는 삶을 찾아가는 긴 여정이다.

등댓불은 어쩌면 존재의 궤적이 아닐까. 아프지도 삐걱거리지도 않는 삶은 없다. 때로는 고통과 절망도 있지만, 고독 속에서도 빛을 내어 꿈과 희망의 끈을 놓지 않는다. 짐 하나 등짝에 올려놓고 직진하는 민달팽이처럼 번설보다는 묵언으로 꿋꿋이 자기에게 주어진 길을 가는 구도자의 삶이다. 누가 알아주지 않아도, 누구의 도움이 없이도 자신의 생을 굳게 담당하는 단독자이고 독립자의 표상이다.

등대가 그리웠던 적이 있었다. 꿈꾸던 일들이 좌절되었을 때거나, 세상일이 내 뜻대로 되는 게 없다고 포기하고 싶을 때도 그랬다. 머나먼 곳으로 떠난 이민자처럼 낯선 땅에 홀로 서서 어디로 가야 할지, 어떻게 해야 할지 모르는 상실감 같은 것이었다. 앞날에 대한 두려움, 지금 이 순간의 막막함에서 무언가 위로와 격려를 받고 싶었다. 황석어젓처럼 짜기만 한 삶이어서 해녀의 숨비 소리 터지듯 가슴에 숨구멍 하나 열어두고 싶었다. 먹빛 어둠 속에서도 어디선가 들려오는 희망의 무적 소리, 밝고 따뜻한 빛줄기를 그리며 다가오는 등댓불이 보고 싶었다.

등댓불은 당당하고 형형하였다. 누구에게나 구별과 차별 없이 비추었다. 등명기를 막 빠져나온 미색의 불빛이 어두웠던 세상을 향해 한없이 쏟아졌다. 한 치 앞도 가늠할 수 없었던 바다는 빛이 다다르는 곳마다 망원렌즈의 피사체처럼 제 모습을 드러냈다가 사라지고, 때로는 빛다발의 이동통로처럼 허공을 가로질러 하얗게 머물렀다가 멀어지기도 했다. 고요하면서도 경이로운 빛이었다. 등탑에서 쏟아져 나온 빛줄기가 슬픈 마법을 푸는 묘약처럼 텅 빈 가슴속을 마구 파고들었다.

호호탕탕, 바다가 출렁인다. 바다는 육지의 산과 강, 구별과 경계를 뛰어넘어 세상을 하나로 만드는 곳이다. 세상의 모든 벽과 높고 낮음의 관계도 허물고, 오물이든 탁류든 미움도 허물도 아무 거리낌 없이 두 팔로 받아들인다. 펄펄 뛰는 생명체가 자유의 알몸으로 거침없이 유영하는 곳, 등 푸른 고등어를 보면 바다는 날 선 예각이 아니라 소통과 포용의 유선형임이 틀림없는 것 같다. 귀를 기울여보았다. 심해 어둑한 곳에서 향유고래의 쿵쿵 뛰는 심장 소리가 들려왔다. '넌, 살아 있다.'라고 관자놀이가 불끈 거렸다.

과거는 바꿀 수 없고 미래는 어떤 모습일지 알 수는 없다. 무엇을 해야 할지, 어떻게 달라져야 할지는 당장 모르겠지만 한 가지만은 분명했다. 새롭게 출발할 수 있는 시간은 바로 지금, 이 순간이 아니면 내일은 역시 절망뿐이라는 것이었다. 희망은 곧 가능성이었다. 끝까지 노력하다 보면 언젠가는 저 밝은 등대 불빛이 내게도 비추게 될 것이라는 믿음이 뱃고동처럼 멀리서 울려왔다. 두 주먹을 쥐고 다시 일어설 수 있도록 용기를 끌어낸 것은 그날의 등대였다.

중학생 어린 시절이었다. 도시로 고등학교 진학하고 싶어 밤 늦게까지 공부하고 집으로 돌아가는 길은 가로등 하나 없는 외딴 집이었다. 무당집 지나 뜬소문 바스락대는 대밭도 지나려면 보름달빛 아래서도 머리끝이 쭈뼛거렸다. 지척이 분간되지 않는 그믐에는 도마뱀 달아나듯 어둠을 뛰어가지도 못하고 새카만 불안이 터벅터벅 발걸음을 붙잡았다.

그때였다. 신작로 끝나는 언덕배기에 어둠 속에 반짝이는 작은 불빛 하나가 있었다. 하루를 털어내지도 못하고 마중 나온 아버지가 무거운 짐 진 어깨로 등대처럼 오도카니 서서 "나, 여기 있다."라고 손전등을 깜빡이고 있었다. 그럴 때면 시험 합격통지서라도 받은 것처럼 안도와 환희로 소리 지르며 불빛을 향해 막 달려갔다.

좁은 언덕길을 앞장서게 하고 등 뒤에서 오롯이 내 앞으로만 비춰 주던 불빛, 한 모슴 햇살 같았던 아버지의 등댓불이었다.

어느 시인은 등대를 별에서 오는 편지와, 별에게 보내고 싶은 편지를 넣어두는 우체통이라고 했다. 씨줄 날줄 같은 사연들의 발신인은 많이 망가진 사람, 희망을 잃은 사람, 상처가 있는 사람들일 것이다. 등대는 밤마다 세상의 모든 빛을 무대로 끌어모아 대자연의 서사시를 연주하고, 영혼을 치유 받은 관객들은 빛을 향한 노스탤지어를 마음 한편에 품고 산다.

빛은 모든 생명의 근원이자 삶의 원동력이다. 빛이 있기에 사람들은 어둠과 절망을 두려워하지 않는다. 어두워 보이지 않는 것들이 빛으로 밝혀 볼 수 있게 된다면 그것은 곧 소통이고, 희망이며, 평화일 것이다. 세상살이가 하루도 파랑주의보 아닌 날이 없지만 살아가는 방법은 어느 곳에나 있다. 원근도 없는 안개 같은 세상에서 등대처럼 빛의 손으로 보듬어 준다면 아무리 힘든 고난과 역경도 헤쳐 나갈 기적을 만들 수 있을 것 같다.

사람도 저마다 제빛을 내는 등대가 아닐까 한다. 각양각색의 모양새이지만 사회와의 관계성 속에서 알게 모르게 많은 영향을 미치며 살아간다. 나는 남에게 따뜻하고 친절한 빛이었을지 궁금하다. 등댓불이 어두운 바닷길을 열어준 것처럼 누군가에게 힘과 위로가 되는 등댓불이었는지, 혹시 고장 난 등명기는 아니었는지 모를 일이다.

가면, 나 아닌 나

모 TV 방송국에 〈복면가왕〉이라는 프로그램이 있다. 특이한 가면과 복장으로 얼굴과 신체를 숨겨 누구인지 모르는 상태로 노래를 부른다. 결국은 경연의 일종이지만 선입견과 편견을 배제하고 노래로만 평가한다는 데 의의가 있다. 누구인지 추측하는 것도 재미있지만 예상과는 다른 사람임을 알았을 때 우리가 발견하는 자아와 타인의 관점 차이, 보이는 것과 보이지 않는 것의 경계, 보편적이고 획일화된 지식의 불완전성 등에 대해 놀라움이 더 큰 것 같다.

가면은 인간의 역사와 함께했다. 두려움 앞에 심리적 방어 기제와 자기 보호를 위해서, 자신의 힘과 존재를 드러내기 위해서, 가면 뒤에 숨어 해방감과 자유를 누리는 데 필요한 도구였다. 가장행렬이나 가장무도회 같은 축제 현장이나, 탈놀이나 탈춤 같이 계층 간의 화해와 신명풀이를 위한 마당극에서도 가면을 사용하였다.

실체의 가면만이 꼭 가면은 아니다. 말과 행동, 생각과 표정이 다른 것도 일종의 가면이다. 내가 생각하는 '나'와 남이 생각하는 '내'가 다르다. 나의 말과 행동에 가끔 상대방이 예상치 못한 반응을 보일 때가 있다. 그럴 때면 나에게 무슨 문제가 있는지 돌아보기보다 엉뚱하게도 상대방에게서 그 원인을 찾으려고만 급급했다. 나의 의도와 상대방의 인식이 달랐던 만큼 내가 수많은 가면을 쓰고 있었거나, 나 자신이 나의 진짜 얼굴을 모르고 있었던 것은 아니었을까.

오래전 로마 시대 배우들이 연극에서 가면을 썼다 벗었다 하며 여자 역할을 대신했다고 한다. 그 가면을 '페르소나'라 하는데 요즘은 외적 인격 또는 가면을 쓴 인격을 뜻하는 철학적 의미로 사용된다. 정신분석학자 구스타프 융은 인간은 천 개의 페르소나를 지니고 있어서 상황에 따라 적절한 가면을 쓰고 자신의 역할을 반영하고 주변 세계와 상호관계를 이루어간다고 한다. 페르소나는 결국 억압된 인격이며 드러내고 싶지 않은 자기 모습을 가면으로 위장하는 것을 말한다.

인간은 보이지 않는 가면을 쓰고 살아간다. 생각이 가능한 존재는 그림자 같은 이면을 숨기고 사는 것이 어쩌면 당연한 일인지도 모른다. 무라카미 하루끼 소설 〈사육제〉에서 남자와 여자가 이런 이야기를 한다. "우린 누구나 많건 적건 가면을 쓰고 살아가. 가면을 전혀 쓰지 않고 이 치열한 세상을 살아가기란 도저히 불가능하니까. 악령의 가면 밑에는 천사의 민낯이 있고, 천사의 가면 밑에는 악령의 민낯이 있어. 어느 한쪽만 있을 수는 없어. 그게 우리야."

우리는 수많은 가면을 만들어내고 또 그 속에서 숨어 산다. 그래서 가면이 어떤 때는 삶을 지혜롭게 살아가는 방편이 되기도 하고 때로는 무의식 속에 또 다른 나를 표현해내는 위선의 모습이 되기도 한다. 중국의 경극 배우처럼 새로운 가면으로 시시각각 바꾸어가며 현실에 부합하고 타협하기도 하고, 주위 환경에 순응하며 위장하기도 한다. 용기라는 가면을 쓰고 사랑 고백도 할 수 있지만, 불특정 다수라는 가면을 쓰고 무질서한 군중의 일원이 되기도 한다. 그러나 자기 자신마저 속일 수는 없는 일이다.

그동안 많은 가면을 쓰고 살아온 것 같다. 허세고 허울이고, 체면과 치레를 핑계로 부지불식간에 쓰는 가면이었다. 순정과 의리를 가슴속에 두고 살았지만 헌신이나 희생과는 거리가 멀어 한낱 치기에 불과했다. 싫은 것은 싫다고, 안되는 것은 안 된다고 당당하지도 못하며 목숨과 밥줄 앞에 꼼짝달싹할 수 없었다. 속으로는 성공한 친구를 질투하고 시기하고 있으면서 겉으로는 마음 없는 박수와 경탄을 내지르며 아쉬운 속내를 감췄는지도 모른다.

가면을 벗고 자기 모습 그대로 살면 좋겠지만 쉬운 일이 아니다. 진심을 다하지 못한다기보다는 남과의 사회적인 관계성을 염두에 두지 않을 수 없기 때문이다. 진정한 나를 찾고 자기를 냉철히 들여다볼수록 인생과 세상에 대하여 더욱 솔직해지고 소중한 삶의 가치를 얻는 것은 당연한 일이다. 하지만 복잡다단한 현대인에게는 자기를 올바르게 되돌아볼 수 있는 기회도, 가면 없이 현대사회를 살아갈 수 있는 용기도 부족하다. 진실은 어디까지일까? 가면 뒤에 숨어서 자신의 의식을 그대로 표출하는 것일까, 아니면 가면을 벗은 민낯으로 주위를 의식한 거짓 행동일까?

가면을 벗고 살기 어렵다면 차라리 선의의 가면이라면 어떨까 싶다. 자신도 무섭고 두려운 일이지만 친구를 위해 아무렇지도 않은 척 앞장서는 의연한 태도, 때로는 선행을 하고도 짐짓 모르는 척 겸손해하는 착한 가면이라면 어떨까. 조실부모한 아버지는 한 생이 감당해야 했던 수많은 설움과 질곡을 겪으며 살아야 했다. 힘들고 외로운 삶의 과정이었지만 자식 앞에서는 조금도 힘들지 않은 척 푸념이나 한숨 소리 한번 내지 않았다.

요즘은 코로나 때문에 마스크를 항시 쓰고 산다. 마스크가 곧 가면 같다. 처음에는 어색하고 불편했지만 지금은 오히려 마음이 편한 측면도 있다. 내 정체성을 마스크 뒤에 숨기고 사는 재미에 빠졌기 때문이다. 얼굴과 표정이 드러나지 않고 분위기나 감정이 실종되어버렸다. 입을 삐죽거리는지, 억지웃음을 짓고 있는지 타인의 시선으로부터 자유롭다. 나도 너의 진심을 알아보지 못하고 너도 나를 모른다. 감추고 산다는 게, 투명 인간이 된다는 게 사뭇 편한 구석이 있는 것도 같다. 웃고 싶으면 웃고, 화나면 화내고 살면 좋겠지만 그것을 숨기고 살아야 한다는 우리 현실이 얼마나 서글픈 일인가.

 '얼굴'이란 우리말의 의미는 얼은 영혼, 굴은 통로라는 뜻이 있다고 한다. 마치 영혼이 들락거리는 것처럼 사람의 얼굴은 마음 상태에 따라 천태만상 달라진다. 가면은 '진정한 나와는 다른 나'의 얼굴이다. 때로는 은폐 속의 자유로움을 주지만 언젠가는 벗어야 할 가짜 얼굴이다. 어쩌면 죽음 뒤에야 비로소 가면을 벗을지도 모른다. 벗었을 때 진짜 얼굴이 부끄럽지 않았으면 좋겠다.

시래기, 정情을 살찌우다

    소 눈망울같이 순한 집들이 옹기종기 하얀 눈을 덮고 있다. 시간이 멈춘 듯 수묵 깊은 처마 아래 무청 시래기가 익어간다. 겨우내 얼고 녹고, 정한情恨도 맺고 풀며 달빛 향기 층층이 내려앉는다. 고드름에 숙성하고 된바람에 건조한다. 털어내야 가벼워진다지, 제 욕심 비워낸 자리마다 푸른 숨결 영혼으로 살찐다. 늙은 어머니 손처럼 오그라들어 서걱거리는 속살에 "댕그랑" 풍경소리가 들릴 것 같다.

    무서리가 내리고 찬 바람이 불어오면 처마 밑이 분주해진다. 드높은 가을하늘 아래 푸르게 자란 무, 살이 통통하게 오른 무를 수확하고 나면 그 줄기와 이파리가 시래기로 탈바꿈하는 시간이다. 굴비 두름처럼 볏짚으로 엮어 바람이 잘 통하는 응달에 줄줄이 매달아 놓으면 보는 것만으로도 한 해가 풍요롭고 풍성하다. 푸른 풀물 다 마르려면 삼동 눈꽃 무수히 피우고 져야 할 모양이다. 허물을 벗듯 시래기의 온몸이 바삭바삭 부서져 내려야 제대로 겨울 풍경이 완성된다.

예전에는 처마마다 시래기 없는 집이 없었다. 김장김치와 함께 중요한 겨울 양식의 하나였다. 긴 긴 엄동설한에 허기진 배를 달래야 하는 구황식품인 줄만 알고 지냈지만 먹을 것 많은 세상이 된 지금에도 섬유질과 무기질이 많은 건강식품으로 여전히 주목받고 있다. 항암 작용과 면역력 강화, 골다공증과 빈혈 예방에도 도움이 된다고 하니 그리움만 먹고사는 음식이 아닌 것만은 분명한 것 같다.

겨울은 정情이 살찌는 계절이다. '둥지'나 '보금자리'라는 말이 이때만큼 더 가깝고 정겹게 느껴지는 계절도 없다. 군불 땐 구들장은 밤낮으로 뜨끈하고, 들썩이는 식구들 숨소리가 울타리 안에서 온종일 떠날 줄을 모른다. 멀리서 들려오는 강 얼음 쩡쩡 갈라지는 소리, 얼어붙은 허공을 가르는 까치 날갯짓이 아니라면 모두 동면 속에 꿈을 꾸고 있는 것 같았다. 날은 추워도 마음만은 따뜻했다.

때가 되면 먹어야 할 일이다. 하루의 가장 큰 일과이고 행사이다. 특별히 기대할 것도 없는 밥상이지만 식구들은 행여나 놓칠세라 두리반 주위로 모여든다. 가마니를 짜다가 온 아버지 어깨

위에 툇검불이 나풀대고, 아랫목에서 잠깐 낮잠에 들었던 막대의 입꼬리에 멀건 하품이 남아 있지만 아무도 아랑곳하지 않는다. 그렇게 온 식구가 모여앉은 밥상은 반찬이 없어도 그 가족이라는 느낌만으로도 넉넉하고 풍요로웠다.

그 배경에 시래기가 있었다. 온 세상은 하얀 눈으로 뒤덮이고 문고리에 손이 쩍쩍 얼어붙는 추운 겨울, 어머니가 끓여준 뜨끈한 시래깃국에 밥 한 그릇을 땀이 후줄근하도록 말아먹던 그 시간을 잊을 수 없다. 자식 입에 밥 들어가는 것이 마른 논에 물들어가는 것처럼 기분 좋은 일이지만 형제 많은 집안의 밥상은 언제나 모자라게 마련이다. 밥투정이나 편식은커녕 시래기 국물이라도 실컷 먹고 싶은 생각이 간절했다.

그렇게 겨울부터 봄까지 시래기 밥, 시래기죽, 시래기나물, 시래기 볶음으로 번갈아 가며 허기진 식구들의 배를 채워주었다. 끼니를 때우기 위한 구뜰한 음식이었지만 산천초목이 얼어붙은 겨울에 그나마 굶주림을 면하기에 더할 나위 없는 먹을거리였다.

시래기가 숨을 쉰다. 말라비틀어져 소멸할 것처럼 있다가도 물에 불리면 다시 제 모습으로 살아나는 것이 마술을 부리는 것 같다. 푸르른 날들을 기억하는 그리움과 몸의 온기가 유전인자처럼 남아 있었던 모양이다. 마치 무더위 햇빛에 지쳐 오므라들었던 이끼가 소낙비를 만나 빗물체로 살아나는 듯하다.

그냥 만들어지는 것도 아니다. 질긴 무청이 부드러운 시래기가 되기 위해 숱한 고난의 시간을 견뎌내야 한다. 덕장에 명태 말라가듯 맨몸으로 눈보라를 맞아내고 한기를 참아내는 과정을 거쳐야 한다. 고기 맛 한번 보지 못하는 가난한 사람들을 위해 바람과 햇살이 주는 영양분도 골고루 받아들여야 한다. 허기진 사람들의 따뜻한 한 끼가 된다는 것이 희생과 헌신 없이는 그렇게 쉬운 일이 아니다. 그러고 보면 우리 주위에 시래기가 되어 생의 겨울을 나고 있는 사람들이 얼마나 많은지 한번 돌아볼 일이다.

시래기 본래의 맛은 슴슴하고 담백하다. 우물처럼 고요하고 순수한 맛이라고 할까. 사람으로 치면 요란하게 나서는 법도 없이 남의 배경 역할을 하는 묵묵한 사람이지 않을까 싶다. 결코 뛰어나지는 않지만 꼭 필요한, 화려하지는 않지만 자신만의 맛을 가진 그런 사람이다. 순하고 향긋한 맛을 주는 시래기처럼 세상살이도 품이 넉넉하고 오기 있는 사람이 되어야 할 일이다.

지금도 어머니는 고기반찬보다 시래기가 더 맛있다고 한다. 가난한 시절 신산고초를 다 겪어낸 어머니를 볼 때마다 푸석푸석해진 시래기를 대하듯 비릿한 슬픔이 느껴진다. 자식들 발걸음 소리만 들려도 도마에 칼질 소리 요란하고, 구수한 된장 시래기 냄새가 손길보다 먼저 달려든다. 쪼글쪼글 마르고 주름진 시래기, 자식들 감싸 안고 굵은 실핏줄을 남긴 채 늙어 버린 어머니 모습이 따로 없다. 구멍 숭숭 뚫린 마른 잎 사이로 한평생 자식의 분신으로 살아온 생의 마디며 삶의 곡절이 담겨 있는 듯하다.

인간의 감각 중에서 미각과 후각은 특별히 어린 시절에 겪었던 맛의 경험과 깊은 관계에 놓인다고 한다. 익숙한 음식은 평생 우리 곁을 떠나지 않고 다양한 형태로 삶에 영향을 미친다. 세상살이가 허전해서 무언가 기대어 위로받고 싶을 때, 간혹 자신이 누구인가를 되돌아 확인시켜주는 것이 어릴 때부터 먹던 음식이다. 시래기가 있는 그리운 밥상도 바로 '영혼의 음식'이 아닐까 한다.

접속만 있고 접촉이 없는 시대다. 시래기를 보면 내 곁에 고향이 있고, 어린 시절이 있고, 어머니가 있고, 가족이 되살아난다. 이재무 시인의 글처럼 '까닭 없이 서럽고 울적한 날 먹는다.'는 음식이고, '추억의 자궁 같은 음식'이 시래기 국밥이다. 그 구수한 국물이 목구멍을 뜨겁게 넘어가면서 생을 잘 살아내었다는 안도감, 가난을 정으로 살찌우던 그 시절의 그리움이 울컥거린다.

밑돌, 그 이름처럼

　돌탑이다. 돌덩이를 아슬아슬하게 하나씩 포개 쌓은 외줄 탑도 있고, 둥글게 높이 쌓아 올린 원추형 탑, 갖가지 의미나 형상을 표현한 조가 같은 탑들도 있다. 무겁고 단단한 돌을 가지고 만 가지 재주를 부린 것 같다. 누군가의 노력과 끈기로 이루어진 결정체다. 왜 쌓았을까? 안녕과 복에 대한 기원이거나, 가슴속에 숨겨둔 간절한 서원이 담겨 있을지도 모른다. 접착제 하나 없이 비바람에 흔들림 없는 돌탑이 되기 위해서는 돌 하나하나에 정성을 쏟을 수밖에 없었겠다.
　돌각담이나 성벽, 돌탑을 보면 크고 작은 갖가지 모양의 자연석이 서로 맞물려 하나로 짝을 이루고 있는 것이 신기하기 그지없다. 돌끼리 견고하게 물고 물려 틈새 하나 없는 균형미와 조형미가 단연 돋보인다. 무엇보다 기초가 중요할 것이다. 몸체부를 받히는 지대석을 잘 쌓아야 빗물에도 변형이 없고 외부의 충격에 버티는 힘이 확보될 것이다. 상부의 엄청난 하중을 견뎌내려면 크고 단단한 돌을 받침대로 사용해서 처음부터 흔들림 없도록 견고하게 쌓아야 한다.

무심코 돌탑의 아래를 내려다보았다. 그저 무지막지하게만 보이는 받침돌이 슬쩍 눈에 들어왔다. 땅속에 몸을 약간 묻은 채 맨바닥에 발을 딛고 서 있는 밑돌이다. 반지하 방처럼 축축한 습기와 먹구름 같은 이끼를 온몸에 뒤집어쓰고 있다. 돌마다 놓이는 자리가 있다고 했던가? 오래된 업業과 습習처럼 아무런 저항도, 거부도 없이 묵묵히 제자리를 지키고 있다.

우리는 화려한 것만 좋아한다. 풀을 보아도 줄기나 잎보다 꽃을 먼저 보고, 사람을 보아도 숨겨진 내면보다 겉으로 드러난 외모를 중요시한다. 돌탑도 마찬가지인 것 같다. 위만 보느라, 높이와 외형에만 관심을 가지느라 바닥을 미처 보지 못한다. 그 아래쪽에서 윗돌을 머리에 이고 사력을 다해 버티고 있는 밑돌을 눈여겨본 적이 없다. 돋보이지도 않고, 눈길이 쉽게 가는 자리도 아니다. 비가 오면 흙탕물에 젖고, 눈이 오면 냉기 속에 갇히는 자리이다. 하늘을 나는 화려한 새와 나비가 찾지 않는, 온몸으로 땅을 끌어안고 오체투지 하듯 살아야 하는 보이지 않는 군상들이다.

어린 시절, 호주머니에 손을 넣고 바닥을 보고 걷는 버릇이 있었다. 이유는 잘 모르겠지만 조용하고, 잘 참고, 내성적이고 부끄럼 많던 성격은 분명했다. 고개를 뻣뻣이 들어 위를 보고, 장군처럼 양팔을 씩씩하게 휘저으며 위풍당당하게 걸어야 한다며 아버지는 무척 못마땅해하셨다. 자식이 남 밑에서 고생할까 봐, 세상을 손해 보고 살게 될까 봐 걱정이 태산이었던 모양이다.

어쩌면 우리는 높은 곳만 바라보고 살아왔던 게 아니었을까. 하늘과 땅의 높고 낮음을 남녀에 비유하는 성차별처럼 위는 좋고 아래는 나쁘다는 수직적 사고에 함몰되어 있는지도 모른다. 그 관념 속에는 상하, 빈부, 우열의 경쟁 관계만 존재할 뿐 이해와 배려의 여백이 없다. 모두가 눈에 띄는 빛나는 자리를 탐하고 누구나 남보다 쉽고 편한 자리를 원한다. 그럴수록 성실과 근면은 답답하고 허세나 허영은 멋들어지게 보일 수밖에 없다.

누구나 윗돌이 되고자 하지만 그 자리도 든든한 밑돌이 없다면 불가능한 일이다. 주춧돌 없이 집을 지을 수 없고, 받침돌이 없이 성곽을 쌓을 수는 없는 법이다. 아무리 크고 높은 돌탑도 받침돌이 흔들리거나 버텨주지 못하면 한꺼번에 무너지는 것은 당연한 일이다. 차가운 바람을 달래고 등을 내밀어 윗돌을 받쳐주는 밑돌, 그 노력과 수고가 없었다면 처음부터 사회의 구성이나 존속도 불가능했을 것이다.

윗돌이라고 밑돌의 희생적인 노고를 모르는바 아니다. 뿌리가 없이 나무가 설 수 없듯, 든든한 무게중심으로 자기 자리에서 최선을 다하는 이가 있어 그 힘으로 깊이와 높이를 만드는 것임을 알고 있다. 한 치의 빈틈이 없도록 서로 끌어안고 품어주고, 겸손한 마음으로 서로 이해하고 위로하는 과정이 있기에 천년세월을 지탱할 수 있는 것이다.

상하관계가 아니라 상호관계여야 하지 않을까. 위아래가 중요한 것이 아니라 그 각자의 역할이 세상에 필요한 것이다. 윗돌만으로 허공에 머물 수 없고 아랫돌만으로 높이가 될 수 없듯이 누군가는 각자의 책무를 감당해야 할 일이다. 서로의 존재를 인정하는 수평적 사고, 서로의 역할을 존중하는 성숙한 사회가 되었으면 좋겠다. 돌덩이 같은 삶의 짐을 지고 살아가면서 내가 서 있어야 할 자리를 알고, 내가 서 있는 자리가 얼마나 소중한지를 생각해보아야 할 것 같다.

누군가를 위해 밑돌이 되어준다는 것은 쉬운 일이 아니다. 뒷배이자 키다리 아저씨, 문경지교刎頸之交 같은 일이다. 나를 희생시켜 상대를 일으켜 세워주는 숭고한 일이다. 나에게는 조금 귀찮은 일이지만 상대에게는 고통에서 해방이 되기도 하고, 나에게는 조금 수고로운 일이지만 상대에게는 생명을 지키는 일이 될 수도 있다. 멈출 곳 하나 없는 바다를 날아가는 철새들에게 발 딛고 설 작은 섬 하나가 되어주는 일이다.

아무 이해관계가 없어도 부모니까, 가족이니까, 친구니까 스스럼없이 밑돌이 되어준 경우가 많았다. 때로는 흔들리고, 때로는 포기하고 싶을 때도 있었지만 그때마다 방패막이처럼 그들의 헌신과 희생이 있었기에 지금까지 버텨낼 수 있었다. 돌아가신 지 오래된 아버지이지만, 지금도 세상살이가 막막하여 외롭고 힘들 때마다 산소를 찾으면 나를 든든히 받쳐주고 있다는 믿음 때문에 마음이 평온해지곤 한다.

받은 것이 있으니 돌려주어야 마땅하지만 그러질 못했다. 나에게 생명을 주고 이 세상을 열어준 아버지에게 진심으로 고마운 마음을 표현하지 못했다. 내 주변의 친구나 동료들에게 든든한 밑돌 한번 되어준 적도 없었다. 밑돌은커녕 윗돌만을 고집하며 주인공 자리에 연연하고, 그것이 성공과 출세인 것처럼 현혹되어 살지나 않았을까 오히려 부끄럽다. 말로는 의리와 순정을 내세웠지만 정작 남의 어려움이나 위험에는 손해나 피해를 먼저 염려하고, 남의 밑돌이 되는 것을 패사나도 된 양 자존심 운운하며 기피하려고만 하지 않았나 모를 일이다.

낮은 곳에 아름다움이 있다. 힘한 길 걷는 발바닥도, 개울물 건너는 징검돌도, 진흙탕에 디딤돌도 모두 낮은 곳에 있다. 차가운 바닥에 발을 딛고 저렇게 높은 하늘을 떠받치고 있는 것이다.

신발, 그 속살을 보다

어머니 작은 아파트 현관에 허름한 운동화 한 켤레가 놓여 있다. 혼자 살기 무섭다고, 오래전 돌아가신 아버지 신발을 그대로 두었다. 그 운동화를 볼 때마다 멍울진 그리움이 흔적으로 남아 낯익은 조각 그림이 눈앞에 떠다닌다. 감물 든 베적삼처럼 씻고 씻어도 지워지지 않는 페인트 자국들, 사시사철 일터마다 말없이 동행하며 세상의 낮고 누추한 바닥을 오체투지로 걸어온 신발이었다. 양탄자 한 번 밟아본 적 없이 가장의 끈 불끈 동여맨 흙투성이 길 위의 삶이었다.

아버지가 몹시 그립던 어느 날, 현관에 쪼그려 앉아 살며시 그 속살을 들여다보았다. 발바닥 지문 사라진 노동의 무게에 몸으로만 닳고 닳은 오목가슴의 뒤축이 뒤늦게 보인다. 이제는 길 위에 나설 일도 없는 지금, 새척지근한 땀내만 낙오병처럼 남아 바람을 도색하던 아버지 손등을 어루만지고 있다. 황소처럼 일만 하던 아버지는 그 신발이 남의 것처럼 불편했을지, 맞춤처럼 편안했을지 새삼 궁금증이 몰려온다. 신발에 손을 가만히 얹어본다. 발을 잃은 그 신발, 부르튼 아버지의 발을 달래며 고된 세월을 함께 견뎌온 그 노고를 위로하고 싶어졌다.

신발을 신는다는 것은 땅을 딛고 일어선다는 것이다. 내적 자아의 상징이다. 누군가의 독립적인 존재 의미이고 자유인의 의지를 표상한다. 한 짝으로 존재할 수 없기에 사람과 사회와의 관계망을 시작함과도 같다. 어느 시대, 어느 곳에서나 신발은 단순히 발을 보호하는 기능뿐 아니라 그 사람의 권위와 권력, 직업, 신분, 빈부, 희망, 출발, 이별 등의 의미를 함축하고 있다.

신발은 누구에게나 똑같은 것이 아니다. 사람마다 크기와 모양이 다르다. 신발은 어느 한 사람의 선택을 받는 순간 그의 분신이 되어 함께 길을 간다. 우리는 우리가 지나온 역사를 한 장의 종이에다 기록하고 이것을 '이력서'라고 부른다. 신발은 곧 이履이며, '신발을 끌고 온 역사의 기록'이란 뜻이다. 신발은 주인과 함께 걸어가는 인생 여정이고 동반자며 삶의 현장이다.

길을 나서면 가장 먼저 길을 잡고 길잡이가 되는 것이 신발이다. 언제나 문 앞에서 대기하고 있다가 주인이 길을 나서면 앞장서서 하루를 시작한다. 천 리 먼 길도 주저하지 않고 밤낮도 가리지 않는다. 비바람 눈보라가 몰아쳐도 망설이거나 두려워하는 법이 없다. 가시밭길을 걸어 진흙탕을 밟아도 불평 한마디 없이 늘 발아래 몸을 낮추는 묵묵한 겸손의 성자이다.

때로는 짓눌리고 짓밟히고, 돌부리에 걷어차여 찢어지는 고통이 와도 온몸으로 참고 견뎌낸다. 가장 낮은 바닥에서 아무 공로도 바라지 않고, 주변의 호사로움에 한치 기웃거림도 없이 오직 주인만을 위해 충견처럼 온 힘을 다한다. 그래서 벗어놓은 누군가의 낡은 신발을 보면 왠지 안쓰러운 생각이 들고, 아무 이해관계가 없는데도 무엇이든 다 용서해주고 싶은 마음이 드는가 보다.

신발은 삶의 바탕이자 존재의 굴레이다. 신발은 땅에 딛고 서는 것이지 허공에 떠 있는 것이 아니다. 신발을 신으면 앞으로 나가는 일뿐이다. 신코와 뒤축이 있는 이상 뒷걸음질은 없다. 신발을 벗을 때가 비로소 쉼표이다. 길에 묶인 생은 차갑고 가파르기만 하다. 세상에서 가장 좁은 동굴 속에서 가장 넓은 세상으로의 항해를 꿈꾼다. 하루하루가 낯설지만, 신발은 결코 제 길을 벗어나는 법이 없이 무사히 집으로 돌아와 주인을 내려놓는 일이다.

댓돌이나 현관에 가지런히 놓인 신발. 시간보다 빠르게 사느라 우당탕 뛰어 들어와 한 짝은 엎어지고 한 짝은 마루로 뛰어 올라오면 어머니는 말없이 신발 정리를 했다. 신발이 가지런하게 놓이면 어디를 가든 발걸음이 어긋나지 않는다는 믿음 때문일 것이다. 어릴 때 '신발 끈을 깔끔하게 잘 묶어라.' '꺾어 신지 말아라.'

하던 잔소리가 아직도 귀에 쟁쟁하다. 자식들의 앞날이 반듯하고, 걸림돌이 없는 삶을 살라는 주문이 아니었을까.

사람은 집에 들어와 따뜻한 이불 속으로 들어가지만 신발은 여전히 바깥에서 찬바람 신세. 방 안에 들어오는 날이 딱 하루 있었다. 음력 정초 신일愼日은 설날이면서도 근신하고 조심하는 날이기도 했다. 밤중에 야광귀라는 귀신이 와서 신발을 신어보고 맞으면 그 사람은 한 해 재수가 없단다. 그래서 초저녁이 되면 방 윗목에 신문지를 깔고 온 가족의 신발을 감추어놓던 풍경이 눈에 선하다.

발에 땀이 나도록 열심히만 사느라 위만 쳐다보았을 뿐 바닥의 신발에는 무관심했다. 흙탕길이든 비탈길이든 무작정 신발을 끌고 다녔다. 냄새나고 습기 찬 신발, 밑창이 닳아 맨발로 걷는 기분이 들 때도 있었고 구두코가 벌어져 인생이 통째로 벌렁거릴 때도 있었다. 그저 먼지나 '툭툭' 털어냈을 뿐 빛나게 닦아보지도 못한 그 신발의 예리성은 단단하거나 경쾌하기보다는 '뚜벅뚜벅'이거나 '터벅터벅'이었던 것 같다.

텔레비전에서 구두장인 이야기가 나왔다. 오래 서 있어도, 오래 신어도 발이 편하다는 맞춤 구두가 보기만 해도 탐이 났다. 수제화는 발이 갑이다. 발의 모양과 상태, 부위별 길이와 두께를 눈과 손으로 직접 확인하고 그 느낌 그대로 제작한다. 장인의 솜씨로 주인의 발을 과학적으로 측정해서 내 몸의 일부분처럼 꼭 맞게 만들었다.

그러고 보니 지금까지 내 발은 맞춤 구두를 신어본 적이 없었다. 견고하고 튼튼하면 그만이라는 생각에 오로지 문수에 의해, 색깔이나 디자인보다 가격에만 눈치를 보며 기성화를 신어왔다. 발에 신발을 맞춘 것이 아니라 신발에 발을 맞추어야 했다. 때로는 발뒤꿈치가 까지고 볼이 좁아서 발가락이 얼얼하기도 했다. 맞지 않아도 발이 편해질 때까지 참으며 길들여 신을 수밖에 없었다. 뭐가 불편한 것인지도 몰랐지만 어떤 것이 딱 맞아 편안한 것인지도 알 수 없었다.

인생도 한 켤레의 신발이 아닌가 한다. 사람은 태어나면서 생명을 얻지만, 인생의 첫걸음은 신발에 발을 넣었을 때일 것이다. 신발은 우리를 움직이게 하는 도구이다. 내가 신고 있는 신발이 내 발에 잘 맞아야 오래, 편하게 걸어갈 수가 있을 것이다. 발의 촉각은 예민해서 신발 안에 굴러다니는 모래알 하나에도 신경이 거슬리고 아파한다. 잘 맞지 않는 신발로 고생하는 발이나, 자신에게 잘 맞지 않는 삶으로 고통받는 인생이라면 참으로 안타까운 일이다.

삶을 평탄하게, 그 정도면 무난하다 싶을 정도로 살아온 것 같지는 않다. 세상에 진심은 다 했지만, 말도 많고 탈도 많은 세월이었다. 가슴은 뜨거웠으나 발 시린 날들이 많았고, 꿈꾸던 세상이 곧고 좋은 길만은 아니어서 내 신발은 종종 더러워지거나 찢어지는 날도 많았다. 고빗길이며 진창길도 때때로 나타났다. 그럴 때면 나를 되돌아보는 일보다 제 발에 맞지 않는 신발 탓을 먼저 하곤 했다.

지금 신고 있는 내 신발은 온전한지 모르겠다. 제 갈 길 제대로 걷고 있는지, 혹시 신발 한 짝을 잃어버린 채 자기 삶의 주인이 되지도 못하고 사는 것은 아닌지 궁금하다. 잘 알고 있는 길은 어디에도 없었다. 처음 걷기를 시작한 날부터 지상과 나 사이에 신발이 있어 부지런히 걸어왔을 뿐이다. 비록 울퉁불퉁하고 삐뚤빼뚤한 길이었지만 내 신발은 언제나 나의 영혼과 서사를 끊임없이 길 위에 새기고 있다.

아직 길 위에 있어 신발을 벗지 못한다. 힘들어 그 자리에 멈추고 싶어도 길은 아직도 멀고, 오늘도 내일도 살아 숨 쉬는 한 신발과 함께 걸어가야만 한다. 신발이 맞지 않아 불편하더라도 삶이 뒤뚱거리거나 비틀거리지는 말아야겠다. 비록 맞춤 구두는 아닐지라도 물새는 일이 없고, 틈이 벌어지지 않도록 신기료장수든 영험한 신神이든 수선이라도 잘 받으면서 살아볼 일이다.

씨앗, 다시 꿈꾸다

산안개 머물다간 숲속에 푸르름이 선연하다. 온갖 숨탄것들 살찌우는 아침 햇살이 드리우자 이름 모를 산 꽃들 정채롭게 피어나고, 울울창창한 나무들 사이로 산새들 허공을 날아든다. 나무들도 각양각색이다. 곧거나 굽었거나, 그늘지거나 양지쪽이거나 각자 좋아하는 자리를 찾아 스스로 삶의 터를 일구었다. 푸른 숨결과 꽃향기로 가득한 숲은 언제나 살아 꿈틀대는 생명의 몸짓으로 출렁인다.

저 웅대한 숲이 처음부터 저 모습이었거나, 인간의 주도면밀한 계획하에 조성된 인공림이 아니다. 자연은 아무런 간섭도, 지시도 하지 않는다. 누가 심지 않아도 나무는 자라고, 바라보는 이 없어도 꽃은 피어난다. 우람하게 하늘까지 치솟은 거수명목도 시작은 작은 배아胚芽에서, 어느 씨앗 하나가 바람에 홀로 날아들어 숲이 되고 작은 우주가 되었다.

캄보디아의 앙코르와트 유적 중 하나인 따 프롬에는 거대한 나무뿌리들이 고대의 사원을 휘감고 있다. 사원을 무너뜨릴 듯이 웅장하고 기괴한 '스펑Spong'이라는 이 나무는 은색의 뿌리 갈래 하나가 기둥처럼 굵고, 길이도 사원의 지붕에서 바닥까지 닿을 만큼 길다. 이 엄청난 크기의 나무도 시작은 바람에 날려온 씨앗 하나였다. 앙코르 왕국이 몰락한 후 방치되어 온 수백 년 동안 돌 틈에 뿌리를 내린 씨앗이 이런 형상을 만들어 낸 것이다.

씨앗을 본다. 나팔꽃, 채송화, 고추, 참외, 앵두, 잣나무 씨 등 어느 것 하나 큰 것이 없다. 특히 야생화 씨앗은 눈에 보일 듯 말 듯 그 실체가 구별도 되지 않는다. 그렇지만 그 작은 몸집에서 푸른 싹을 틔우고, 자기 몸보나 상상할 수 없는 크기로 성장하여 꽃을 피운다. 그래서 씨앗을 보면 꿈이나 미래, 희망이나 가능성을 상징하게 되는 것 같다.

먼지만큼 작고 가벼운 씨앗이지만 그 속에 한 생명의 미래와 자기 삶의 풍경이 담겨있다. 앞으로 펼쳐질 그의 생애와 우주가 열두 폭 화첩처럼 고스란히 접혀있다. 세상 앞에 살아갈 불같은 열정도, 도전도 때로는 아픔도, 좌절도 무한의 유전자 지도로 저장되어 있고 어떻게 살아갈 것인지 본능적인 몸짓이 기호화되어 있다.

그들은 소리도 없이 움직이고 때가 되면 싹을 틔운다. 기억의 뇌도, 메모한 달력도 없지만 살아내기 위한 열정이 바코드처럼 새겨져 있다. 내가 살아갈 정해진 장소는 없다. 그 주위에 떨어져 군락을 이루기도 하고 언덕 아래 굴러가 옆 동네가 될 수도 있다. 민들레 씨앗처럼 바람에 날려 가거나, 도깨비바늘처럼 동물의 몸에 붙어 더 먼 곳으로 이동할 수도 있다. 차가운 땅이 녹아 온몸에 뜨거운 혈액이 돌기 시작하면 껍질을 깨뜨리고 대지의 문을 조심스럽게 열고 나올 뿐이다.

씨앗은 꽃의 결과물이다. 뿌리의 시간을 증명하는 일이고, 존재 그 자체만으로도 생명이다. 끝이 아니라 다시 시작이고, 닫힘이 아니라 다시 열림이다. 지구에 빛을 실어 온 별이고 우주로 가는 문을 여는 열쇠다. 아름드리나무 한 그루를 그 작은 공간에 응축해두었으니 가히 손톱만 한 반도체 칩의 확장성과 맞먹는다. 나무의 잎과 열매가 그의 이름이고 얼굴이라면 씨앗은 그의 호적등본이다. 생명의 시원이며 존재의 모태이다.

씨앗이 어찌 꽃뿐이겠는가. 새나 물고기들에게는 알이고 동물들에는 포란이다. 생명을 잉태하는 것은 다 씨앗이다. 오도독, 호박씨를 까먹는다. 생선 알탕을 먹고 유정란을 삶아 꿀떡꿀떡 잘도 먹는다. 들판에 푸른 넝쿨이 사라지고, 바다로 나가지 못하고 병아리가 되지 못한 씨앗들이 내 몸에다 포만의 씨를 뿌린다. 몸 안에 생과 사를 동시에 지닌 영혼처럼, 죽어서도 사는 저 씨앗을 먹고 나는 산다.

누구나 한 톨의 씨앗으로 태어난다. 꽃이 성의도 없이 아무렇게나 만든 씨앗은 없다. 인간이든 식물이든 내 삶에서 꽃피워낼 씨앗 하나가 내가 세상에 지니고 나온 자산의 전부다. 그 씨앗이 가진 조건과 역량을 알 수 없지만, 그렇기에 그 또한 무한한 잠재력과 가능성을 내포하고 있다는 사실을 함부로 간과할 수 없다.

꽃이 씨앗을 만들면 그다음부터는 씨앗 스스로 할 일이다. 운좋게 양지바르고 부드러운 토양에 뿌리를 내릴 수도 있고, 아쉽게도 바람 불고 흙도 부족한 비탈에 정착할 수도 있다. 그 씨앗이 어느 토양에서 자라느냐에 따라 흙수저니 금수저니 따지는 세상이지만 인생에 고통과 슬픔은 누구에게나 찾아오는 법이다. 거센 폭풍이 휘몰아쳤을 때 쉽게 쓰러지지 않는 나무는 현재 위치한 토양과 환경이 아니라 스스로 키워온 삶의 무게중심이 어떠하냐에 달려 있다.

산다는 것은 흥興과 쇠衰의 연속이었다. 파도가 있어야 바다가 썩지 않는다는 말처럼 항상 부침이 따르는 것이 인생이다. 공부도, 사랑도, 우정도, 사업도, 건강도 돌이켜보면 매사에 어렵고 힘들지 않은 일은 없었다. 그나마 다행인 것은 한 번도 멈추거나 포기하지 않았다는 사실이다. 노력을 옆에 두고 천운만 탓한 적은 결코 없었다.

씨앗은 무엇을, 어떻게 기다려야 하는지 안다. 씨앗이 성장할 수 있는 온도와 수분, 빛의 적절한 조합과 다른 많은 조건이 맞아떨어졌다는 신호를 기다리는 것이다. 1년이든 100년이든 씨앗은 내일을 꿈꾸며 기다린다. 기다리는 동안에도 씨앗은 살아서 숨 쉬며 끊임없이 그날을 위해 준비한다. 그 가능성을 믿고 기다리지 못하면 움을 트지 못하고 죽을 수도 있는 것이다.

백무산의 시 〈정지의 힘〉에 "씨앗처럼 정지하라/꽃은 멈춤의 힘으로 피어난다"라는 구절이 있다. 꽃씨는 아무것도 하지 않은 채 땅속에 가만히 있는 것 같지만 각자의 자리에서 양분을 만들고 힘을 기르고 있었기에 다시 환한 꽃으로 피어난다. 삶이란 어쩌면 내일을 위해 오늘을 참고 견뎌내는 일이 아닌가도 싶다.

마당, 그 평화롭던 날들

푸르스름한 동살이 담장을 넘어서나 보다. 아랫목 군불 열기가 아직 후끈거리는데도 창호지 너머로 벌써 마당 쓰는 소리 들려온다. "싸르륵 싸르륵" 새벽 강가에 사공이 노를 젓는 소리, 햇살 알갱이거나 싸락눈 굴러가는 댓바람 소리 같기도 하다. 싸리 비질 소리가 곧 여명이고 천명의 시간이 된다. 희붐한 빛줄기가 들자 마당의 민낯이 보자기처럼 펼쳐진다.

그 새벽의 마당은 언제나 집안 가장의 몫이었다. 아버지가, 외삼촌이, 고모부가 그 자리에 동바리처럼 서 있었다. 할아버지가 힘에 부치면 아버지가, 그리고 또 그 아들이 장대비를 넘겨받았다. 장독대와 작은 텃밭이 있던 뒤란이 어머니의 공간이라면 대문을 향한 앞마당은 아버지들의 '터'이자 '품'이었던 셈이다.

이른 아침에 마당을 쓰는 일은 새벽 절 마당을 빗질하는 수도승처럼 일종의 수행 의식 같았다. 하루를 시작하겠다는 천지를 향한 신고식이고, 가족의 안녕과 무탈을 기원하는 합장 기도였다. 어쩌면 깨달음이든 뉘우침이든 억새 같은 삶이 헤쳐 나가야 할 길수를 찾고 있었는지도 모른다. 사막의 낙타가 길을 내듯 혹 등이 같은 아버지의 굽은 등이 세상으로 향하는 문을 조심스럽게 열어젖혔다. 간간이 뱉어내는 마른기침 소리에 늦잠 자던 풀벌레 서둘러 깨어나고, 젖은 꽃들 눈뜨고, 장막 같던 긴 어둠이 사라져 갔다.

뒤늦게 문을 열고 부스스 나가면 마당에는 벽지를 발라놓은 것처럼 결 고운 빗살무늬가 가지런히 새겨져 있었다. 맨발로 뛰어 다녀도 될 만큼 고운 흙으로 채워진 마당은 어느 한 곳 흠집이나 돌부리 하나 없이 곱게 붓질한 새색시 얼굴 같았다. 바람이 불어도 흙먼지가 일지도 않았고 장대비가 내려도 함부로 패이거나 질펀거리지도 않았다. 식구들의 수많은 발걸음으로 다져진 마당에서는 구석기 같은 오래된 흙내가 났다. 변화무쌍한 하늘과 사계절 변하는 산을 품은 마당은 대청마루에서 바라본 한 폭의 풍경화였다.

그곳은 안전지대였다. 문만 열면 밖이 되는 아파트가 아니라 속바람으로 나가도 여전히 품안이고, 손안이고, 집안이 되는 곳이었다. 외부인 듯 보이지만 내부였고, 밖이었지만 아무도 넘어

올 수 없는 보안의 구역이었다. 내 집 마당에 놀고 있으면 아버지 두툼한 손을 붙잡고 있는 것처럼 세상이 하나도 두렵지 않았다. 아무런 근심 걱정도 없이, 궁하거나 더 바랄 것도 없는 평온하고 행복한 시간이 늘 우리 곁에 맴돌았다.

아이들은 마당에서 크고 자랐다. 신발을 신고 첫발을 내디딘 것도 마당이었고 동무를 사귄 것도 마당이었다. 뜀박질도 배우고, 놀이도 하고, 누군가를 그리워하며 서성거리기도 했다. 마당 한구석에 바지랑대 밀어 올린 빨랫줄에는 식구들의 옷가지들이 새물내를 풍기며 뽀송뽀송 말라갔다. 밤이면 마당에 멍석을 깔고 모깃불 피워 별자리도 헤아리고, 옛날이야기 자장가 삼아 깜빡 잠이 들던 그 시절도 잊을 수 없다.

그 마당은 혼자만의 것이 아니었다. 노란 병아리 떼가 봄날 하루를 종종거리며 돌아다니고, 아침저녁으로 황소가 징검다리 건너듯 성큼 가로질러 가기도 했다. 콩이나 팥을 햇볕에 말려 도리깨로 타작하는 날도 있었고, 낟가리 쌓아 탈곡기나 풍석을 돌리면 부검지가 온 집안에 날리며 부산을 떠는 날도 있었다. 때로는 농악대가 찾아와 한바탕 신나게 놀기도 하고, 어떤 날은 혼인이나 환갑잔치가 열려 온종일 북적거리기도 하고, 간간이 동냥을 얻으러 오는 누추한 행려인도 있었다. 그야말로 의식주 생활에 직접 관여한 복합적 공간이었다.

마당은 어쩌면 사람을 키워내고 담는 그릇이었는지도 모른다.

겨울에 창호지 유리 조각을 통해 내다본 비밀스러운 구석처럼 그곳엔 혼자만의 기억들도 많았다. 갖고 놀던 풍뎅이나 사슴벌레가 죽어 묻어주는 공동묘지도 있었고, 속상하거나 슬픈 일이 있을 때는 감나무 둥치에 등을 기대고 먼 허공을 바라보기도 했다. 비가 오는 날이면 몰래 토끼장 옆 낮은 양철지붕 아래 숨어들었다. 피아노 건반을 두드리듯 지붕으로 떨어지는 빗방울 소리에 영혼의 마당은 알게 모르게 또 한 뼘씩 넓어졌는지도 모른다.

마당에도 분명 귀가 있는 것 같았다. 아장거리고, 종종거리고, 껑충거리고, 때로는 비틀거리거나 터벅거리는 발걸음 소리 들을 모두 듣고 있었다. 기쁜 날이 있을 때는 마당이 먼저 알고 온몸으로 들썩거렸다. 때로는 마당도 밤을 꼬빡 새우는 날도 있었다. 이런저런 걱정에 밤새워 뒤척이다 방문을 열고 나가면 대낮보다 밝은 하얀 달빛을 손안에 가득 채운 마당이 내 어깨를 토닥이고 위로해주었다.

마당은 직선보다 곡선이고, 음지보다 양지의 공간이다. 누군가 찾아오는, 누군가를 위해 마련해둔 열려 있는 공간이다. 소통의 공간이고, 만남과 작업의 공간이며, 나눔의 공간이다. 서로 감싸 안았던 공존의 터이자 광장이며 사람과 사람, 삶과 삶이 어우러지고 부딪치는 곳이 마당이다. 신나게 뛰어놀던 그 시절, 마당은 좁았지만 세상은 더없이 넓고 평화로웠던 시간이었다.

마당이 사라졌다. 장식성과 권위성이 부각된 상류층 주택의 잔디 깔린 정원만 남았을 뿐 하루의 일기체 같았던 흙 마당은 어느새 퇴화가 되었다. 시골에 사는 사람들도 읍내 아파트가 살기 편하다며 마당 있는 집을 버리느라 동네가 텅텅 비어간다. 농경사회를 벗어나 마당의 농기구 역할이 없어지고, 사람과의 어울림도 줄어들고, 바쁜 세상이라 마당에서 서성일 일도 없어서 쓸모없는 공간이 되어버린 것 같다.

우리는 뜰도 마당도 없는 아파트에서 공중살이를 한다. 이웃과 세상으로 가는 징검돌이자 소통의 창구였던 마당은 이제 인터넷을 기반으로 한 가상현실, 증강현실의 공간으로 자리바꿈을 하였다. 실체적인 삶이 없는 비대면 디지털화가 될수록 우리의 삶이 각자의 방으로, 자기만의 공간으로 점점 쪼개지고 낱낱이 흩어져 버린 셈이다. 연결망은 무한대로 확장되었지만 개인의 삶은 더욱 소외되고 황폐해져 간다. '땅, 장소'라는 사전적 의미 외에도 '논다, 불러들인다, 품는다'라는 동적인 의미도 함께 가졌던 마당은 문자나 영상이 결코 대체할 수 없는 삶의 공간이고 뿌리였다.

마당이 없는 삶은 조급하고 각박하다. 방향도 없이 속도에만 열중하는 것 같다. 현관문을 열면 바로 바깥이 되고 마는 공간은 너와 나, 좌와 우, 앞과 뒤의 경계가 너무 명확한 일이다. 비록 좁고 불편했을지라도 넉넉함과 푸근함, '함께'라는 공동체 의식을 느낄 수 있었던 마당은 안과 밖의 완충 역할을 하는 마음의 여유가 아니었던가 싶다. 비가 오든 눈이 오든, 피하는 일 없이 시련과 고난을 덮어주고 감싸주는 가족 같은 마당이 그리워진다.

마당을 쓸었더니 지구 한 모퉁이가 깨끗해지고, 아름다워지고, 밝아졌다는 나태주의 시처럼 마당이 있는 집이 그립다. 아침이면 기다란 빗자루를 들고 여기부터 저기까지 동심원을 그리며, 그동안 각다분하게 살아온 세상에 일그러진 마음이나 번외했던 시간이라도 쓸어내면서 살았으면 좋겠다.

옹이, 그 아픔을 읽다

한옥이 멋스러운 전통찻집에 갔다. 방으로 안내되어 양반다리를 하고 앉았는데 다탁이 원목이었다. 넓고 묵직해 보이는 탁자 면에 물결치듯 부드럽게 뻗어나간 목리가 나무의 성정처럼 기품 있고 웅숭깊다. 그런데 가장자리 쪽에 갑자기 회오리치듯 시커먼 옹이 무늬가 드러나고 표면이 우둘투둘 파인 곳이 있었다. 설핏, 옥에 티처럼 느껴졌다. 그때 '결만 있으면 상품인데 옹이가 있어서 작품이다.'라는 누군가의 말이 떠올랐다. 생각을 바꾸니 옹이로 인해 생긴 기하학적인, 비정형적인 나뭇결이 오히려 신선한 자연미로 다가왔다.

옹이는 나무의 몸에 박힌 가지의 그루터기이다. 나무는 자라면서 곁가지가 생기게 마련이다. 나무가 지속적인 부피 생장을 하면서 함께 자란 곁가지도 심지를 박고 파묻혀 자라게 된다. 옹이는 그 흔적이다. 사람처럼 나무도 겉으로만 봐서는 옹이의 존재를 알 수가 없다. 단면을 잘라보아야 속에 벌레가 먹었거나, 썩어서 비었거나, 화석 같은 자유분방한 무늬가 박혀 있는 것을 알게 된다. 목재로서는 흉터이고 흠집인 셈이다.

나무에 박힌 옹이는 무쇠처럼 단단하다. 장작을 팰 때도 옹이에 도끼날이 박히면 나무가 갈라지기는커녕 도끼가 물려 쉽사리 빠지지도 않는다. 그래도 쓰임새는 많다. 주택의 대들보나 기둥에는 일부러 옹이가 많은 목재를 사용한다. 옹이의 단단함으로 나무의 갈라짐과 뒤틀림 현상을 멈추게 하기 때문이다. 세상에 불필요한 존재가 없다는 것이 새삼 맞는 말인 것 같다.

옹이는 자신의 분신을 지켜내기 위한 아픔의 상처이다. 그 아픔이 얼마나 깊었기에 고통의 응어리가 단단하게 굳어져 옹이로 나타났을까. 말 못 하는 나무라고 살아온 내력이 없는 것은 아니다. 천둥 번개가 내리칠 때도 있고, 혹한과 가뭄에 몸져누웠을 때도 있다. 보아주는 이 없어도 스스로 최선을 다하고, 알아주는 이 없어도 자기에게 주어진 삶에 온 힘을 다해 살아가는 것은 우리네 인생사와 다를 바가 없다. 그 노력과 수고만으로도 그 나무의, 그 사람의 생애는 축복과 감동으로 받아들이기에 충분한 것이다.

'하고 싶은 일'보다 '해야 할 일'이 앞서는 것이 인생이었다. 먹과녁 같은 초행길 가듯 한 푼의 뒷바라지도 없이 오직 혼자 힘으로 감내해야 했던 여정도 있었고, 배고픔의 설움과 밥벌이의 수모를 겪어가며 손 마디마디에 옹이처럼 굳은살이 수없이 박이는 날들도 있었을 것이다.

돈 때문에, 사람 때문에 상처받는 일이 대부분이었다. 한마디 말 때문에 가족이 분란하고, 우정이 소원하고, 인연을 외면하기도 한다. 눈에 보이지는 않지만 사람마다 그들의 삶에 무수한 사연과 곡절이 새겨져 있을 것이다. 사람의 겉모습만 보고 선입견이나 편견을 가져서는 안 될 이유이기도 하다.

무엇보다 마음의 상처가 가장 아프다. 사람의 기억은 꼭 좋은 것만 보관하고 있는 것은 아니어서 자존심이 상하고 생채기를 당한 기억은 쉽사리 지워지지 않는다. 오래전의 일인데도 상대방이 서운한 감정을 아직도 기억하고 있는 것을 보면 섬뜩한 기분마저 든다. 상처를 준 사람은 쉽게 잊어버리지만 상처받은 사람은 마음속에 옹이가 되어 아픔의 흔적으로 남게 되는 법이다.

누구의 삶에도 암호 같은, 눈물 같은 옹이 하나쯤은 가지고 있다. 다들 감추고 살 뿐이지 상처 없는 사람은 없다. 굴레를 안고 다투기도 하는 삶이지만 그 상처를 어떻게 극복하느냐에 따라 삶의 열정이 될 수도 있고 돌이킬 수 없는 삶의 장애가 될 수도 있다. 무엇이 되는가는 나에게 달린 일이다. 나무가 아픈 가시를 삭여 단단한 원형질로 변모하듯이 사람도 슬기롭게 옹이를 품을 줄 아는 지혜가 필요할 것 같다.

아름다움이란 말은 '앓음다움'에서 나왔다고 한다. 아프고 아픈 후에 얻어진 영광이라면 아름다운 상처가 당연하지 않을까 싶다. 세상에 고통을 잘 견디는 영혼은 없다. 고통이나 상처는 그것을 외면하지 않고 마주 볼 용기만 있다면 지혜로운 삶의 안내자가 될 수가 있다. 상처 난 조개에서 아름다운 진주가 나온다. 가장 진한 나무의 향은 정작 옹이에서 배어 나오듯 사람의 향기도 그런 아픔의 극복 과정에서 가장 아름다워지는지도 모른다. 흠집 같은 옹이지만 누군가에게는 존재 그 자체만으로 선물이고 훈장일 수도 있을 것이다.

자신의 흉터만 바라보고 원망만 하고 있었다면 그 아픔을 견디지 못해 미래를 포기했을지도 모르는 일이다. 쓰레기더미에서도 꽃을 피우는데 상처 난 옹이라고 꿈꿀 수 있는 권리마저 없는 것은 아니다. 연습하는 자와 저축하는 자는 절대 인생에 지지 않는 법이라고 했다. 살려고 하는 절실함이 흐르고 벼랑 끝에서 희망을 향해 꿋꿋하게 서 있을 수 있는 것은 바로 그 옹이의 힘이었다. 옹이의 단단함은 그런 응축과 인고의 세월을 겪어낸 결과물인지도 모른다.

근처 오래된 숲 공원으로 산책을 나섰다. 오솔길 옆에 나무 한 그루가 몸피 한가운데 커다란 옹이를 가지고 있었다. 얼마나 아팠을까. 하지만 우물처럼 깊게 파인 그 큰 상처를 가지고도 수많은 푸른 잎을 피워낸 우람한 나무로 자라고 있었다. 더구나 그 상처마저도 누군가에게는 둥지로, 비바람을 피하는 처마로 공양을 하는 모습이 아름답게만 보인다. 처음부터 옹이는 나무의 꽃이고 사리가 아니었던가 싶다.

이끼, 꽃으로 피어나다

　오래된 시골집이다. 처마 밑에 제비집처럼 한때는 올망졸망한 식구들 들썩거리며 살았던 곳이다. 새벽을 알리는 장닭 울음소리, 아래채 가마솥에는 소 여물죽이 끓고, 매캐한 연기 꾸역꾸역 밀려 나오는 정지문 사이로 쿰쿰한 청국장 냄새가 풍기고 있었다. 뒤란 대숲을 출렁이며 바람이 지나가면 수다스러운 참새 떼 마당으로 몰려왔다가 한꺼번에 지붕 위로 날아오르곤 했다.

　아침마다 싸리 빗질 자국 선명했던 그 마당에 이제 제멋대로 자란 잡초들로 무성하다. 먼 산 울음 같던 쇠마구간도 주인 없는 어둑한 동굴처럼 휑뎅그렁 남겨져 지나간 세월을 되새김질하고 있다. 사람 냄새 물씬하던 온기는 사라지고 기름기 빠진 빈집은 여름 매미가 벗어놓은 허물처럼 초라하기만 하다. 눈길이 머무는 구석진 자리마다 허연 거미줄이 묵은 시간을 켜켜이 쌓아놓았다.

먹감나무 아래 그늘진 장독대에는 이끼들이 자리 잡았다. 우물터와 돌확, 그늘진 기와지붕, 나뒹구는 세월의 부유물마다 그 빈자리를 메꾸고 있다. 허물어진 돌담마저 청태의가 차렵이불처럼 돌층계참을 둥글게 뒤덮고 있다. 하루를 탁발해 하루를 사는 민달팽이들이 뿌려놓은 조그만 채마밭 같다. 오래된 가문을 지켜온 수호신이기라도 한 듯 푸른빛의 이슬방울을 머금고 침묵 속에 빠져 있다.

줄기인지 잎인지 구분도 없는 여린 손이 세상을 향해 한없이 꼬물거린다. 녹색 비단 치마를 두른 새색시처럼 사뭇 곱상하고 음전한 자태다. 갈맷빛 실타래 풀어 십자수 놓는 밤마다 한 땀 한 땀 시린 눈물이 발묵하듯 번져갔을 이끼, 허공을 가르는 청둥오리 떼 시퍼런 그리움을 뚝뚝 떨구며 아침을 밟고 지나간 세월이다.

세상에서 가장 작고 부드러운 존재가 이끼다. 살아남기 위한 가시나 독성 하나 품지 않았지만, 지구상에서 가장 척박한 곳에서도 견뎌내고 우주공간에서도 생존 가능한 식물이라고 한다. 겉보기에는 연약하기 그지없지만, 태초부터 지금까지 변함없이 살아 있는 끈질긴 생명력 앞에 고개가 수그러진다.

산에 이끼가 없으면 죽은 산이 된다고 한다. 산불이 나거나 흙이 무너져 맨땅이 드러난 곳에서 맨 먼저 나타나 정착하면서 다른 생물이 살 수 있는 터전을 만들어 주는 식물이다. 이끼가 자라면서 생긴 부식토 덕분에 식물들이 뿌리내릴 수 있고, 이끼 스스로 작은 동물들에 안식처와 먹이를 제공한다. 대단치 않아 보이는 생물체이지만 알고 보면 숲과 지구의 옷이며 대지의 어머니가 되어준 셈이다.

그래서 꽃말도 '모성애'인가 보다. 억척같은 삶 속에서도 자식을 위해서라면 어떤 희생과 헌신도 마다하지 않는 그 생애를 두고 한 말인 것 같다. 여자는 약하지만, 어머니는 강한 법이라고 했다. 습하고 그늘진 곳에서 푸른 제 목숨을 소신공양하는 이끼, 관다발이 없어도 자식들 들썩이는 숨소리만으로 배가 부르다. 목숨과도 같은 자식 사랑, 이끼 같은 삶을 살아온 우리 어머니들의 곡진한 생애가 마음 한구석을 아리게 한다.

힘들고 외진 자리에는 늘 어머니가 있었다. 윗목보다 아랫목이었고 이글거리는 햇살보다 눅진한 달빛에 더 익숙했다. 나무나 꽃도 되지 못하고 해나 별이 되기를 꿈꾸지도 않았다. 어머니란 자리는 남 앞에 빛나거나 화려한 존재가 아니었다. 기꺼이 음지가 되기를 주저하지 않았으며, 더럽고 어려운 일을 가리지 않았고, 힘한 길을 마다하지 않았다. 식구들의 그림자로 살면서도 누군가의 버팀목이고 받침대 역할에 생을 다 바쳤다.

이끼에게 꽃이 있었던가. 헛꽃만 피고 져 벌 나비 날아든 적 없지만 파르스름한 녹태에 달빛 향기 가득하다. 말보다 손발이 앞서고, 머리보다 마음으로 사는 사람에게는 고유의 냄새가 난다고 한다. 이끼를 먹고 자란 은어에게 수박 향이 난다고 했던가? 어머니 품에는 안정과 평안을 주는 수더분한 향기가 있다. 원시적이고 태곳적인 느낌, 인류의 시원이 어머니로부터 시작되었을 것 같은 느낌, 절대적인 사랑이란 그렇게 순결하고 정결한 것이 아니었을까 싶다.

바람에 흔들리는 일도 없고 바닥을 벗어나 본 적도 없다. 맨바닥이면서도 뿌리인 모성, 돌 틈마다 자란 이끼가 석축을 견고하게 만들듯 비바람 맞으며 어머니는 삶의 고빗사위를 견디어내었다. 살아내기 위한 하루하루가 생의 마디였으며 걸어가야 할 길목 하나하나가 삶의 곡절이었다.

뼛심을 다하느라 잃어버린 여자의 손, 닳고 닳은 빈손이면서도 내 자식 생각하면 세상에 부러운 것이 없다고 한다. 언제나 내 편이 되어주고, 어떤 고통과 아픔 속에서도 한 번도 나를 배신하지 않은 수호자였다. 고단한 무릎을 펴지 못한 달팽이들의 숲이며, 꺾이고 부러지지 않는 바람이 쉬어가는 안식처가 그곳이다. 그래서 이끼에서는 흙내가 나는 모양이다.

늦더위 오후 햇살이 쏟아지는 댓돌에는 누르스름한 이끼들이 삶의 더께처럼 달라붙어 있다. 삭정이마냥 거죽뿐인 무게로 등걸잠을 자는 어머니를 마주 대하는 듯하다. 저렇게 죽은 듯이 말라 비틀어져 있지만 한바탕 소나기 긋고 지나가면 푸르게 살아나 꿈틀거린다. 자식에 대한 그리움으로 목말라하다가 먼발치에서 발

소리만으로도 힘을 얻고 다시 일어서는 어머니가 그렇다. 아마도 이끼는 어린 새들의 날갯짓 소리를 듣고 자라지 않았을까 싶다.

달의 순례를 마친 그믐처럼 이제는 바늘에 실 꿰느라 헛손질만 하는 노모가 마음 아프다. 추운지 더운지, 밥은 먹었는지, 그저 무탈한지, 늙수그레한 자식들 안위를 챙기느라 마음은 아직도 종종걸음이다. 밥 잘 먹고 아픈 데 없다는 한마디가 어머니의 하룻밤 안식과 평안을 담보한다. 상처는 감추고 그리움은 숨기느라 순하고 느린 눈빛에는 주술처럼 자식 잘되라는 기도만 정화수로 남았다.

목마른 어둑새벽, 돌담 곁에 비손하는 어머니가 보인다. 빛다발 들자 움츠러드는 응축과 희생의 세월이었다. 침묵과 기도만으로 반짝이는 별빛처럼 가슴 언저리 텃밭 하나 푸른 융단처럼 일구며 살았던 어머니, 흘림체로 쓴 삶의 비문 같은 이끼에 손을 얹어보면 비릿한 슬픔의 속살 냄새들이 손금 사이로 배여 나올 것 같다.

우리 살던 옛집에 해지면 분꽃 피어나고 이끼 낀 돌담 아래 귀뚜라미 소리 들린다.

3부

나에게 묻다

속멋

창窓, 빛 들다

그해 겨울은 추웠다

배꽃의 꿈

참새에 대한 유감

인공지능 시대

그리움이 머무는 곳

나무들의 반성문

골목길을 걷다

눈[眼]으로 말하다

속멋

　산책을 나섰다. 들꽃들이 각양각색, 저마다의 의미와 형태로 지천으로 피었다. 너무 화려하거나, 너무 짙은 향기로 혼자 돋보이는 법 없이 하나같이 부드럽고 조화롭다. 원색의 유화보다 은은한 수채화에 더 가깝다. 겉으로 드러나지는 않지만 숨겨진 속내의 품위가 느껴진다. 단순하면서도 분명하고, 수수하면서도 선명하다.

　젊었을 때는 겉멋에 더 익숙했다. 장미처럼 강렬한 색깔과 코를 자극하는 향기가 더 매혹적이었다. 조용한 것보다는 화끈하고, 평범한 것보다는 특별하고, 모범적인 것보다는 반항적인 기질이 오히려 멋져 보이고 부러웠다. 자연히 유행이나 명품, 말투, 외모, 호탕하고 영웅적인 외적인 요소에 관심을 보였다. 정작 나의 성향이나 본질과는 관계없는 일들이었다.

　남들보다 돋보이고 싶었다. 멋있게 보이고 싶고, 누구에게나 동경의 대상이 되고 싶었다. 쉽게 드러나지 않는 내면보다 가볍게 눈에 띄는 겉치레에 더욱 눈독을 들였다. 헛꽃을 피워서라도 벌 나비를 부르고, 나뭇가지에 걸릴지라도 크고 웅장한 뿔을 길러 용맹을 과시해야만 했다. 소양이나 교양은 지루하기만 할 뿐이지 인기나 유명세와는 별 관계가 없어 보였다.

　체면이나 허세, 그것이 문제였다. 남의 눈을 의식하고 타인의 기준에 나를 맞추기 위해 발버둥을 쳤다. 내용보다는 형식이 중요했고, 음식 맛보다는 고급스러운 인테리어가 더 마음에 들었다. 비교와 경쟁에 매몰된 삶은 나의 능력, 나의 한계를 뛰어넘어 무리수를 두게 마련이었다. 나만의 매력, 나 자신의 실체를 발견할 기회도 없어서 진정한 자유로움과 편안함이 무엇인지도 몰랐다.

　'껍데기는 모두 헛것이다.'라는 어느 스님의 말이 있다. 가짜 도자기는 금방 질리지만 진짜 도자기는 보면 볼수록 그 미적 감각에 빠져든다고 한다. 사람도 마찬가지이다. 한두 겹 벗으면 금방 실체가 드러나고 마는, 겉멋으로 포장된 사람은 금방 싫증이 나게 마련이다. 화려한 언변과 명품의 옷도 진실한 마음보다 못한 법이다. 겉멋에 팔려 거짓을 진실로 보거나, 사기꾼의 감언이설에 현혹되고 달콤한 유혹의 수렁에 빠진 적이 어디 한두 번이었던가.

오래된 친구가 몇몇 있다. 사람이 그리울 때는 문득문득 떠오르는 친구들이다. 그들은 하나같이 순하면서도 선하고, 예의 바르고 겸손하다. 오랜 세월 동안 변함없이 한결같으면서도 어제 만난 것처럼 새로운 느낌을 주는 사람들이다. 말수는 적지만 생각이 깊고, 목소리는 작지만 행동거지가 늠름하다. 생색내거나 내세우지 않아도 믿음직스럽고, 꾸미거나 떠벌리지 않아도 신뢰감이 든다. 내 일에 간섭하거나 참견하려 드는 일이 없어도 왠지 든든한 뒷배 같은 느낌을 주는 친구들이다.

속멋은 말 그대로 '속에서 우러나오는 멋'이다. 렘브란트의 자화상처럼 자기 내면이 겉으로 드러난 인물화다. 냄새나 소리에 민감한 코나 귀보다 상대방의 입장을 헤아리는 눈과 마음에 방점을 둔 가치 기준이다. 돈으로 살 수 없는 멋이고, 힘으로 뺏을 수 없는 매력이다. 냄새 아닌 향기이며, 머리 아닌 영혼이다.

그들은 '뒤끝이 없다.'거나, '화통한 사람이야!'라는 말들을 사용하지 않는다. 처음부터 남에게 상처를 주는 일도 없고, 말만 앞세워 허풍을 떠는 일도 없다. 나이나 신분, 외모, 학벌, 재산처럼 외적 조건을 가지고 사람을 무시하거나 차별하지 않는다. 함부로 성내거나 주장하지 않으며, 이해관계에 따라 흔들리거나 돌아서지도 않는다. 강자에게 약하고 약자에게 강한 이기주의자도 아니고, 어려운 사람은 외면하고 나에게 도움이 될 만한 사람에게만 잘하는 기회주의자도 아니다.

열심히 살았지만 때로 힘든 시간도 있었다. 하루아침에 바닥으로 추락해 깊은 절망감에 몸을 떨었던 날들, 서러움이 유령처럼 떠다니던 열등하고 볼품없는 시절이었다. 힘과 용기를 실어준 사람은 밥과 술을 사주고, 신의 한 수 같은 조언을 해주고, 연민의 표정으로 바라봐주는 사람이 아니었다. "넌 최고야!" 한마디 말이라도 진심으로 칭찬과 격려를 보내 주고, 건너야 할 개울물에 징검돌 하나 되어주려 보이지 않는 곳에서 애쓴 사람이었다.

배려와 사랑, 진실한 마음이 속멋의 향기를 품는다. 자연의 세계가 그러하듯 꾸미지 않는 순수한 영혼의 소유자들이다. 그들은 동안보다 동심, 눈빛 속에 따뜻한 심성을 가진 사람이다. 의리와 정의감이 있어 사회적인 규칙과 도덕적인 규율에 스스로 더 엄격한 인격체이다. '매너가 사람을 만든다.'는 말처럼 남에게 피해를 주지 않는다는 의식이 몸에 밴 교양인이다. 겉으로 드러난 과시誇示보다 속으로 마음을 헤아리는 찰시察視의 인간미다.

나도 그런 사람이 되고 싶다. 누군가의 삶을 빛나게 해줄 한 마디 말이 준비된 따뜻한 사람이 되고 싶다. 질투와 욕심, 오해와 불만으로 가득한 서로의 담을 허물고 너와 나의 경계심에서 해방된 자유로운 삶을 얻고 싶다. 오만과 자만에서 벗어나 장자처럼 오상아吾喪我, 허상인 나를 죽이고 자의식을 버리면 가능한 일이 될까.

늦은 오후다. 특별한 날들보다 일상적인 하루 속에서 행복의 의미를 찾는 나이가 되었다. 화통한 것보다는 반듯하고, 유별난 것보다는 평탄하고, 성공한 사람보다는 순진한 사람이 더 눈에 보인다. 말하기보다 책 읽기를 더 좋아하는 사람, 젊어 보이려는 욕심보다 웃는 잔주름이 더 예쁜 사람, 자존심보다 자존감으로 삶에 당당한 사람들이 더 멋있게 보인다. 그런 속멋 있는 친구라면 목마른 그리움에 밤을 새워도 아깝지 않겠다.

창窓, 빛 들다

　한 평 남짓 서재에 손바닥만 한 들창이 하나 있다. 그 옛날, 창호지 문에 댄 유리 조각을 통해 바깥세상을 내다보는 것처럼 비밀스러운 눈길로 다가간다. 담장 너머 나뭇가지에 감꽃이 열리고, 옆집 마당에는 따사로운 햇살이 내리쬐고, 저 멀리 골목길에 아장아장 손자 걸음을 쫓아가는 노인의 굽은 등도 본다. 창은 작아도 세상은 넓다. 그 창문을 통해 사람과 계절과 경치를 빌려오고 그럴 때마다 삶의 길목과 순간들을 반추하며 상념에 빠져든다. '빌려온 풍경'이니 차경借景이다.
　추사 김정희의 '소창다명사아구좌小窓多明使我久坐'라는 글귀가 있다. '작은 창문으로 많은 빛이 들어오니 나로 하여금 오랫동안 앉아 있게 하는구나.' 거실의 커다란 유리창을 활짝 열어볼까?

창밖에 머물던 아지랑이 햇살, 향기로운 꽃내음, 그늘 품은 바람, 유쾌한 새소리가 창턱을 넘어 안쪽 세상으로 넘나들 것이다. 벽으로 둘러싸여 켜켜이 묵은 도피와 가난한 마음들이 창문을 통해 빠져나갈지도 모른다.

창밖의 세상은 언제나 낯설었다. 궁금할 때마다 다가섰으나 여전히 바깥은 보이지 않는 간유리 같았고, 유리를 사이에 둔 키스처럼 단절된 창문이었다. 성에가 낀 창문은 바깥의 얼음 강 소리를 들썩이며 매번 슬픈 눈동자로 나를 바라보았다. 달빛인지 가로등인지 알 수 없는 희붐한 빛을 향해 구원의 손길을 뻗으며 밤새 뜬눈으로 응시한 적도 있었다. 유리 벽에 코를 박은 스푸트니크의 개가 떠올랐다.

반지하 방에서 생활한 적이 있었다. 그곳은 사하라사막 마트마타의 지하 토굴집처럼 창이 없었다. 산다는 게 쉬운 일이 아니었다. 먹과녁 같은 초행길 가듯 조심스럽게 발을 내딛지만 당장 내일에 무슨 일이 일어날지, 세상살이란 내 계획과는 다르게 진행되는 경우도 다반사인 것을 뒤늦게 깨달았다. 낭떠러지에 묶인 생은 차갑고 가파르기만 했다. 처음부터 주어진 업業과 습習인 듯 사막의 모래 장미를 꿈꾸며 메마른 길을 걷고 또 걸어가야만 했다.

반지하인 그 방은 낮에도 형광등을 켜야 했다. 외부의 빛이라곤 벽 위쪽에 손바닥만 한 쪽창 하나뿐이었다. 통풍도, 채광으로도 별 의미가 없었다. 다만 안과 바깥의 경계를 알려주는 표시등,

그것마저 없다면 숨 쉴 수도 없는 아가미 같은 존재였었는지도 모른다. 지면과 가까이 붙어 있는 그 창은 골목에 지나다니는 자동차 타이어나, 사람도 무릎 아래 신발만 보일 만큼 낮았다. 창문이 작아 고개를 들이밀 수도 없어 주어진 것만 허용된 감금당한 공간 같았다.

바깥을 보기 위해 창문을 여는 일은 없었다. 가끔은 희망의 빛줄기처럼 그 쪽창을 향해 나아가고 싶은 충동이 일기도 했다. 하지만 그 작은 창마저 활짝 열지는 못했다. 먼바다 고기잡이배의 집어등인 양 창문 밖 사람들의 시선이 몰려들까 봐 두려웠다. 열 수 없어 끝내 벽이 되어버린 창문이었다. 가슴이 답답하거나, 먹구름 같은 울음이 몰려올 때 쪽창으로 숨구멍 하나 열어 놓으면 그 작은 틈새 사이로 푸른 달빛이 흘러들었다.

내게 창窓이 필요하다며 늘 속으로 뇌까렸다. 커다란 창이 있는 집에 산다면 그 창은 투명유리로만 만들어서 방안에 앉아서도 온 세상이 다 보이도록 씨쓰루(see-through)하겠다고 꿈꾸었다. 그 창문에는 커튼이나 블라인드 따위로 벽을 만들지도 않을 것이며, 때로는 창틀에 걸터앉아 밤새 하모니카를 불어야겠다고 다짐했다. 발아래를 내려다보면 아찔한 높이에서 저 그리움 가득한 세상을 향해 멀리 활강하는 새가 되고 싶었다.

지금은 햇볕 잘 들어오는 큰 창문이 있는 집에서 산다. 먹고사는 문제는 언제나 지나가게 마련이다. 하지만 서럽고 불편했던 기억들이 트라우마처럼 잠재하는 모양인지 마음의 창문은 아직도 제대로 열지 못하고 사는 것 같다. 창을 활짝 열어 쇄서폭의曬書曝衣하지 못하고 햇볕도, 바람도 거부하며 묵은 곰팡내를 키우고 사는 것은 아닌지 모르겠다. 행여 나는 창문 없는 방에 스스로 갇혀있는 것은 아닌지, 아직도 보이지 않는 쇠창살을 가지고 있는 것은 아닌지 뒤늦게 자신이 두렵다.

무엇보다 중요한 것은 내 마음의 창일 것 같다. 창문이 작아서, 반지하에서 산다고 세상이 우울한 것이 아닐 것이다. 세상에 열리지 않는 창문은 없다. 창을 열지 않으려는 두려움만 있을 뿐이다. 청안시보다 백안시였다. 고집으로, 자존심으로, 인정하지 않으려는 불신으로 그 창문 바깥의 존재가 얼마나 소중한 것인가를 받아들이려 하지 않았기 때문이다.

창문은 소통의 통로이다. 창을 통해 사람과의 관계가 만들어진다. 벽으로 둘러싸여 있는 고립된 세계에서 또 다른 세상으로 연결해주는 매개체 역할을 한다. 창을 통해 바깥 사물을 내 인식의 마당에 끌어 들어올 수 있고, 블로그처럼 나의 창을 통해 내 삶을 누군가에게 특정한 모습으로 비치기도 한다. '캄캄한 밤길을 걸을 때 도움이 되는 것은 날개도 등불도 아니고 곁에서 함께 걷고 있는 동무의 발걸음 소리다.' 발터 벤야민의 말처럼, 작지만 내 창문에도 벌 나비가 날아들었으면 좋겠다.

바깥에서 들여다본 내 창은 등황빛이었으면 한다. 차가운 형광

등이나 형형색색의 LED 불빛보다 방 모퉁이 키 큰 스탠드에 따뜻한 백열등 하나 켜두는 것이 좋겠다. 한겨울 창호지 너머 바느질하는 어머니와 앉은뱅이책상 앞에 연필을 쥐고 있는 어린아이의 등 그림자가 몰래 그립다.

그해 겨울은 추웠다

 몇 년 전 겨울은 몹시 추웠다. 북극 한파 때문인지 눈도 많이 오고 체감온도도 낮았다. 삼한사온도 없는 이상기온이라고들 했다. 자연과 가까운 시골은 더 추운 듯했다. 저 멀리 산이며 논밭, 텅 빈 벌판을 하얀 눈으로 뒤덮은 날이 많았다.
 출퇴근도 애를 먹었다. 아침 일찍 집을 나서면 외진 길에 고라니 발자국이 선연했다. 두툼하게 뒤덮인 승용차의 눈을 치우느라 손도 꽁꽁 얼고, 제설작업도 안된 시골길을 운전하는 것도 조심스럽기만 했다.
 거기다가 신경 쓰이는 일이 더 있었다. 마을을 벗어나 큰길가로 주행하는 길에 만나는 늙수그레한 아주머니 때문이었다. 눈이 푹푹 빠지는 길을, 찬 바람 매섭게 부는 허허벌판을 얇은 점퍼 차림에 귀를 감싸 안고 홀로 걸어가는 모습이 종종 눈에 띄었다. 그 이른 시간대에 만나는 것을 보면 그 아주머니도 어딘가에 출근하는 것 같았다. 지척 거리에 조그만 공장들이 있기는 하고, 아니면 중간에 읍내로 가는 버스정류장도 있다. 목적지가 어딘지 분명하지는 않지만 지켜보는 처지에서는 안쓰럽기 짝이 없었다.

그때마다 마음에 갈등이 일었다. 잠시 태워주면 어떨까 생각이 스쳐 지나간다. 그런데 매번 차를 세울까 말까 망설이다가 그냥 지나쳐버리고 말았다. 편도 1차로여서 줄지어 오는 차들 때문에 갑자기 세우기가 위험하기도 하고, 차를 세울 공간이 마땅찮기도 했다.

무엇보다 스스로 핑계가 앞섰다. 나도 바쁜 출근길에 귀찮다는 생각도 들고, 다른 차도 다들 그냥 지나가는데 굳이 뭐하러 나서나 싶기도 하고, 괜히 도와주려다가 오히려 해를 입으면 어쩌나 염려가 들었던 것도 사실이다. 한번 태워준 것을 연유로 다음에도 기대하면 부담스럽고, 익숙한 혼자만의 시간에 타인이 원하지 않는 관계의 선을 넘어오는 것도 불편하기도 하였다.

못 본 척 고개 돌리면 그만이었으나 마음은 그렇지 않았다. 남에게 온정의 손을 내민다는 것이 그렇게 쉬운 일이 아니라는 것을 그때 알았다. 작은 마음 씀씀이, 따뜻한 말 한마디도 행동으로 옮기지 못한 것이 문제였다. 남을 돕는다는 것이 요란한 미사여구도, 거창한 이론도, 대단한 용기가 필요한 것이 아닌데도 함께 살아가야 할 이 사회에서 연대감과 배려심이 아쉬웠다.

그것도 벽이었다. 너와 나, 직선과 곡선, 이기와 이타의 경계였다. 편리와 효율에 길들여져 타동사로만 살아오지 않았나 싶었다. 자기가 세운 삶의 기준과 방향을 무너뜨리지 않으려는 고집, 상처받기 두려워 관계 밖에서 혼자만 편해지려는 습관에 익숙한 결과였다. 소통하지 않는 적극적인 관심은 무슨 의미가 있을까. 품을 내어줄 수 없는, 온기가 없는 영혼이 인간과 인간 사이의 간극을 만들어가고 있는 것이 아닐까 싶다.

겨울도 어느덧 지나고 해토머리가 되었다. 마음 사슬에서 해방도 되고 모두가 춥지 않아서 다행이다 싶었는데 정작 그 아주머니는 보이지 않았다. 일을 그만두어 그 시간대에 출근할 일이 없다면 다행이지만 혹시 추운 겨울을 견뎌내느라 몸이라도 상하지나 않았을까 해서 오히려 불안감과 자책감에 무지근한 기분을 떨칠 수가 없었다.

겨울이 올 때마다 그 추워 보였던 아주머니 생각이 난다. 꼭 해야 할 일을 하지 못해 마음에 새긴 통증처럼 오랜 시간이 지난 지금도 후회의 그림자가 되어 남아 있다. 그해 겨울은 날씨도, 마음도 추운 계절이었다.

배꽃의 꿈

읍내 뒷산 친구네 가는 길에 배밭이 있었다. 요즘 과수원처럼 울타리나 살수기 같은 시설물도 없고, 여든여덟 번의 손이 가는 벼농사처럼 누군가 사시장철 계획적인 경작을 하는 것 같지도 않았다. 잎눈을 틔우고 꽃을 피우고 열매를 맺는 것도 나무 스스로인 줄 알았는데, 가을 수확기가 되면 어김없이 주인이 나타나 터줏대감처럼 권리 행사를 하였다. 배나무 사이 언덕길에 얼씬거리거나, 떨어진 낙과 하나 눈길을 두었다간 행여 서리나 하지 않을까 의심받기에 십상이었다.

봄기운이 완연한 날, 산골짝에서 명지바람이 불어오면 하얀 배꽃이 눈송이 나리듯 온 세상에 너울거렸다. 새침데기 그녀의 까만 갈래머리에도, 나물 캐러 가는 품 안의 소쿠리에도 꽃잎들이 나비처럼 내려앉았다. 산등성에는 키나 모양이 각양각색인 나무들이 제 요량과 기운대로 멋스러운 골격미를 자랑하고, 잎파랑이 물오른 잎새들은 로망스 협주곡을 연주하듯 부드럽게 살랑거렸다. 여유와 조화로움이 봄날 물오르듯 했다.

추석이 다가올 무렵이면 어머니를 앞세우고 기세등등하게 배밭에 갔다. 명절 손님치레를 위해 한 광주리 주문을 해놓으면 주인은 비탈을 오르내리며 배를 따느라 손발이 분주해진다. 결실의 중량감에 가지마다 바지랑대로 받쳐놓았던 배를 까치발로 손을 뻗대거나 작은 나무 사다리로 발돋움하며 조심스럽게 따 내린다. 입가로 흘러내리는 그 시원하고 달큼한 과즙의 맛은, 되돌릴 수 없는 시간을 그리워하듯 막연한 아쉬움과 이야기를 품은 채 오래된 유년의 추억으로 남았다. 그것이 오래전 마지막으로 보았던 배꽃이었다.

아치형 낮은 터널이다. 넓고 편평한 들판에, 비행장의 격납고 같은 쇠 파이프 구조물이 똑같은 모양으로 오열을 맞춰 질서정연하게 자리하고 있다. 가운데 통로는 사람이나 농기계가 지나다닐 수 있게 텅 비어 있고, 땅으로 구부러진 터널 양쪽 가장자리에는 돌기둥 같은 잿빛 나무가 자로 잰 듯 앞뒤 정확한 간격으로 줄지어 서 있다. 어른 무릎께만큼 자라다가 좌우 쇠 파이프를 따라 날개를 퍼덕이듯 오직 양 갈래로만 휘어진, 사지가 찢어진 흉물스러운 모습의 배나무였다.

하늘을 향해 솟아오른 가지는 없다. 옆으로만, 밑으로만 향하도록 일찌감치 억제되고 전지되었다. 쇠 파이프 구조물의 각도와 형태대로 큰 줄기는 굵은 철삿줄로 옭아매어지고, 신경세포 망처럼 거미줄로 뻗어나간 잔가지들만 사방으로 어지러이 매달려 있다. 하늘은 촘촘한 그물망으로 둘러쳐져 더 이상 멧새들의 놀이터로도, 마실 가던 까치도 나뭇가지에 접근하지를 못한다. 자연물을 어떻게 저렇게 똑같은 모양으로 만들 수가 있을까, 대단하기에 앞서 섬뜩함이 느껴졌다.

형틀이고 족쇄며, 포승줄에 묶인 노예의 형상이 따로 없다. 물 밖으로 드러난 가두리 양식장이 저러할 듯싶다. 허용되는 것은 오직 무릎을 꿇고 머리를 조아려 복종하는 일뿐, 자유로이 제 방향과 뜻과 의지대로 뻗어나가는 일탈은 용서받을 수 없다. 밀림에 살던 맹수들이 서커스 묘기를 위해 순종하고 조련되듯, 대지의 나무들도 주어진 재배 조건에 맞춰 분재처럼 구부려지고 뒤틀리며 순응하고 있었다. 박탈된 자유와 구속된 행복이었다.

변화에 대한 거부감이 마음 한구석을 차지하고 있어서인가. 낭만적 정서와 효율적 사고와의 간격이었는지도 모르겠다. 벼를 보지 못한 도시 아이들이 나무를 그렸다는 무지와 마찬가지인 것 같다. 창공으로 자유롭게 퍼져나간 녹각 같은 가지와 무성한 잎들 사이에 보석처럼 감춰진 열매를 기대했던 어린 시절의 추억이 무안하기 이를 데 없다. 과수원은 더 이상 동화 속의, 수채화 속의 옛 풍경이 아니었다.

경제 논리일 것이다. 과수원 운영이 재미나 놀이가 아닌 이상 최소의 비용과 최대의 수입에 골몰하는 것은 당연한 일이다. 일손도 적게 들고, 작업도 수월해야 한다. 작은 흠집 하나 용납하지 않는 소비자를 만족시키기 위해 알도 크고, 모양도 번듯하고, 색깔도 예쁘고, 단물도 듬뿍 들어야 한다. 최상의 품질은 겉보기에 의해 결정될 뿐 누가, 어떻게, 어떤 마음으로 길러냈는지는 중요한 일이 아니다. 속도와 효율, 계산과 실리 앞에 낭만이나 신뢰감은 어쩌면 사치일지도 모른다. 케이지 속의 닭처럼 과수원도 과일을 대량 생산하는 공장과 다를 바 없게 된 모양이다.

그래도 미련은 남는다. 무농약이나 유기농처럼 생물학적 영양분도 좋겠지만, 행복하게 자란 식물과 짐승들이 그것을 먹는 사람도 행복하게 만든다는 정서적인 가치상승도 기대해보고 싶다. 귀하고 비싼 음식보다, 착한 식당의 그 정직하고 순수한 마음씨가 우리를 더 건강하게 만들 것이라고 믿고 싶다. 편하고 빨라지고 모든 것이 풍족한 세상이지만 아직도 여전히 불안하고 부족하고 쫓기며 사는 것은, 그 삶의 여정과 순간들 속에서 느낌표와 감탄사들을 잃어버리고 살기 때문이 아닐까 생각해본다.

꿈이 없는 삶이 아니었을까. 무엇으로 행복한지, 어떤 것이 의미와 가치가 있는 삶인지 한 번쯤 되짚어보지도 못하고 살아온 것은 아닐까. 세상이 정해준 관념과 관습에 얽매이고 성공과 출세라는 사회적 평점에만 목매달고 있었던 것은 아니었을까. '이것이 아닌데' 하면서도 하고 싶은 일보다 해내야만 될 일이 많은 세상을 탓하며 구속과 속박의 틀에 스스로 노예가 된 것은 정작 나 자신이 아니었을까 되물어본다.

배꽃은 더 이상 꿈을 꾸지 못한다. 우리는 그 꿈이 없는 과일을 먹고 산다.

참새에 대한 유감

　삭발한 여승처럼 파르스름한 하늘이다. 들판을 가로질러 삽상한 바람이 흔연하고, 산언저리마다 노을빛 계절이 완연하다. 코스모스 꽃대가 흔들릴 때마다 고추잠자리는 덩달아 허공을 오르내린다. 지둥 치듯 울어대던 개구리 소리도 계절이 바뀌자 어느새 잠잠해졌다. 하나둘 꽃 진 자리에 슬픔처럼 열매가 맺히는 동안 그늘도 푸르게 나눠 먹고 자라던 들풀들도 시름시름 힘을 잃어간다. 바닥으로 구르는 가랑잎 몇 장이 강 건너 저 산을 조만간 만산홍엽으로 끌고 갈 모양이다.
　시골집이다. 빗살무늬 싸리비 지나간 마당에 하얀 쌀알들이 닭 모이 주듯 흩뿌려져 있다. 싸목싸목 내려앉은 겨울날 싸락눈 같다. 며칠째 그 모양 그대로다. 밤새 달빛과 이슬에 쌀알이 통통 불어 터졌다. 다른 때 같으면 쌀알들을 뿌려주자마자 참새들이 달려들어 주워 먹었을 텐데 요즘 들어 새들이 오지 않는다.

겨울이나 봄철이면 유달리 많은 참새가 집 주위를 넘나들었다. 때로는 직박구리나 오목눈이도 지나가는 길손처럼 같이 합세할 때도 있었다. 산자락 깊숙이 내려앉은 안개가 채 가시기도 전부터 집 주변의 지붕이나 대나무 가지, 바지랑대 받친 빨랫줄에 수십 마리가 모여들어 이른 아침을 열었다. 겨울철이라 먹이가 없어 사람 사는 집을 기웃거리는 모양이었다. 안쓰럽기도 하고 새소리가 정겹기도 해서 쌀 한 움큼 내다 마당에 던져주면 여기저기서 댓잎 구르듯 달려드는 소리가 요란했다. 매일 몇 차례 쌀알을 내다 주는 것이 일과가 되었다.

참새들이 모이를 먹는 모습이 여간 재미있는 게 아니다. 친구들을 불러오는 것인지 자기네들끼리 짹짹거리며 들락날락 한꺼번에 몰려다닌다. 그 작은 부리를 콕콕 찔러대며 좌회전 우회전 종종거리며 여기저기 흩어진 쌀알을 바지런히 집어먹는다. 그러다가 무슨 소리라도 들었는지 한꺼번에 '파르르' 날아올라 도망을 갔다가 또 한꺼번에 '화르르' 마당으로 내려앉는다. 마치 바람의 품에서 품으로 옮겨 다니는 것 같다. 세상살이에 예민할 수밖에 없는 작고 여린 것들은 아마도 그들에게만 들리는 위험 신호가 있나 보다.

가만히 보니 참새들도 각자의 개성과 습성이 있는 것 같다. 무슨 소리가 나면 빠짐없이 모두 날아 도망가나 했더니 꼭 그렇지만도 않았다. 그중 한두 마리가 남아 무슨 일이 있냐는 듯 고개를 갸우뚱, 날지도 않고 혼자 멀뚱거리고 있다. 둔해서인지, 겁이 없어서인지는 모르겠지만 무슨 일을 해도 세상살이에 꼭 엉뚱한 사람은 있게 마련이라 그리 낯설지만은 않다. 그게 재미있어 숨죽여 지켜보다가 모자란 것 같으면 또 한 줌 내다가 던져주곤 했다.

그러던 참새가 여름께부터 보이지 않는다. 마당에 쌀알을 뿌려놓아도 어쩌다 비둘기 한두 마리가 길 잃은 철새처럼 들리기만 할 뿐 참새떼는 아예 구경할 수가 없다. 다른 곳으로 집단이주라도 했는지, 아니면 집주인에게 무슨 섭섭한 감정이라도 있어 발길을 끊었는지 의아심이 일기도 한다.

이유는 다른 데 있는 것 같았다. 바야흐로 만물이 수확의 계절인 이 가을에 먹을 게 풍성해져서인 모양이다. 들판에 나가면 맛있는 햅쌀도 지천이고 산모롱이마다 풀씨나 작은 열매 같은 별미도 수두룩하다. 굳이 위험한 사람 근처에 기웃거릴 이유가 없어진 모양이다. 세상 이치를 수긍하면서도 마음 빈자리가 허우룩하다.

먹을 것이 흔하다 보니 한계효용체감의 법칙이라도 작용한 것일까. 하늘과 땅 '사이'에서 인간 세상과 천상을 연결해준다고 '새'라고 한다는데 그 기회주의적 경박함에 내심 서운하기 이를 데 없다. 지네들 보릿고개 시절에 일삼아 양식을 꺼내준 은혜도 몰라보고 살만하니까 모르는 체한다는 섭섭함, 내게서 등을 돌렸다는 배신감이 생뚱맞게 스쳐 간다. 새들의 유전자는 오직 먹이 활동에만 설계되어 있다는 것을 알면서도 퉁퉁 불어 터진 채로 마당에 흩어져 있는 쌀알을 볼 때마다 그 외면당한 기분에 혼자서 하루가 콩팔칠팔이다.

세상에 쉬운 삶은 없었다. 울퉁불퉁한 인생길에 누구네든 알게 모르게 주위의 도움을 받으며 살 수밖에 없었던 것 같다. 물이나 공기의 고마움을 모르고 살듯 선뜻 스쳐 간 인연이라도 따져보면 고맙지 않은 사람이 없다. 자식 앞에 헌신한 부모는 말할 것도 없지만 그때그때 삶의 고비마다 같이 아파하고 같이 힘들어하며 정신적으로, 물질적으로 도움을 준 사람들이 얼마나 많았던가.

하지만 하로동선夏爐冬扇처럼, 배부르게 되면 배곯았던 시절 누군가의 수고를 오래 기억하지 못하는 법인가 보다. 남에게 도움을 받고 은혜를 입었을 때는 평생을 잊지 않을 것처럼 고마워하면서도 막상 시간이 지나고 장소가 바뀌면 흐지부지되어버린다. 마음은 항상 있지만 세상 살기가 바빠서라는 핑계가 살아가는 처세며 변명이 아니었던가 싶다. 자기가 아쉽고 다급할 때는 관심을 보이다가 필요하지 않으면 금방 무심해지는 것 또한 매사에 이해관계가 앞섰기 때문이다.

그러면서도 내가 남에게 작은 도움을 베푼 일은 잘도 기억하는 것 같다. 채무자보다 채권자가 더 기억력이 좋은 셈이다. 옛말에 자식에게 효도를 따지기 전에 내가 부모에게 제대로 봉양하고 있는지, 부하에게 충성을 따지기 전에 상사에게 제대로 대접하고 있는지 나 자신부터 돌아보라고 했다. 자기도 행하지 못하면서 남만 지적하는 것도 어불성설이다.

언제든지 변할 수 있는 것이 사람의 마음이긴 하다. 의식이 있는 존재는 어쩔 수 없는 일이다. 하지만 변하지 않게 붙들고 있는 것도 나의 마음이다. 이유와 까닭이 있건, 심성이건 현실이건 변한 것은 내 마음이지 다른 누구의 마음도 아니다. 평생 변하지 않은 우정, 사랑, 신앙이 있었다면 그 또한 내 마음이 훌륭해서이다. 어쩔 수 없는 환경이나 선택에 의해서라기보다 우직하면서도 지고지순한 내 마음이 먼저일 것 같다.

참새를 두고 서운해하고 공치사를 따지는 것은 내 입장이다. 안타까워 도와준 순수한 마음이 아니라 뭔가 반대급부를 바랐던 조건부 선심이었던 모양이다. 모이를 주는 것이 그들을 위한 선행인지 참새들이 알 리 없고, 안다고 해도 미물에게 보은 여부를 따질 수는 없는 일이다. 모이를 줄 때 참새들 모습을 보고 즐거워했던 만큼 그것으로 보답으로 삼아야 하지 않을까 싶다.

곧 겨울이다. 새들이나 산짐승들에게 배고픈 계절이 돌아온다. 겨울이 되어 또 참새들이 마당으로 몰려오면 이제 어떻게 할까 싶다. 답이 따로 있을까. 올겨울 빙판길에, 누군가 내 앞에서 벌러덩 넘어지면 얼른 손을 내밀어 부축해야 할까, 아니면 도움을 보상받을 보장이 없으니 외면하고 지나쳐야 할까.

인공지능 시대

　세상이 바뀌어 간다. 바야흐로 인공지능과 가상현실, 증강현실과 같은 4차 산업혁명 시대가 도래했다. 인간이 만든 컴퓨터 같은 기계가 딥러닝 등의 기계학습을 통해 사고, 추론, 계획, 판단 등의 지식을 다룰 수 있는 능력을 획득하는 것을 말한다. 인공지능이란 말이 왠지 불편하다. 이미 실용화된 내비게이션이나 무인 주문 기계, 기계번역 기술, 스팸메일 필터링 서비스 등에서부터 자율주행 자동차, 우편 배달 드론, 웨어러블 컴퓨터 등도 현실화를 눈앞에 두고 있다. 앞으로 일상생활에 얼마나 많은 변화가 일어날지 가히 상상하기도 어려운 실정이다.
　유발 하라리의 3부작 〈사피엔스〉〈호모데우스〉〈21세기를 위한 21가지 제안〉에서 가까운 미래에 현 인류인 호모사피엔스의 종말이 오고 현생 인류와 다른 인류가 지구에 살고 있을 것이라고 예언했다. 미래의 정보기술과 생명기술은 이번 세기 중에 알고리즘을 통한 인간 내부의 통제와 생명의 설계도 가능해질 것이라고 한다. 인간과 기계의 경계가 모호한 포스트 휴먼의 시대, 가상과 현실이 융합하는 메타버스metaverse의 시대, 태생적 운명을 버리고 DNA 조작으로 인한 디자인된 인간의 시대, 그것들은 지금까지 장구한 세월에 걸쳐 인간이 추구해온 문화와는 판이한 세상이다.

이러한 변화에 가장 혼란스러워하는 세대가 지금 장년長年이 아닌가 한다. 현세의 한 생을 사는 동안 그 급변의 정점에 있었기 때문이다. 모든 것을 손과 발로 해결하던 원시적인 농경사회도 경험했고, 급속한 과학의 발전으로 문명의 편리함을 누리던 산업사회도 겪었고, 이제 죽기 전에 인공지능 사회의 현실까지 눈앞에서 보아야 하니까 말이다. 그래서일까. 인간이 아닌 인간에 대한 거부감, 인간의 일자리를 뺏긴다는 불안감, 무엇보다 인간으로서 누려왔던 정서와 가치관이 변화하는 데 대한 두려움이 앞선다.

UN 미래 보고서는 2030년까지 20억 개의 일자리가 소멸하고, 현존하는 일자리의 80%가 사라진다고 한다. 향후 10년 이내에 없어질 것 같은 직업 베스트 10에 '아버지'를 포함한 연구 결과도 있었다. 그 아버지란 말이 너무 충격적이다. 앞으로는 결혼

하지 않고도 체외수정 및 복제 기술의 발전에 따라 아버지는 공룡처럼 멸종해 버린다고 한다. 인공 자궁이 현실화하면 어머니도 마찬가지가 될지 모른다. 세상에서 가장 아름다운 단어가 '어머니'인데 그 인간의 모성 본능과 가족애가 깡그리 사라지는, 그래서 인간사회에 인간의 정체성을 잃어버린 정말로 무서운 시대가 오고 있는 것만 같다.

인간의 경험은 데이터로 완벽하게 정리되어 통제되고, 인간의 사유와 감정조차도 기계의 추측과 판단으로 좌지우지될 운명이다. 지금도 마찬가지이다. 쉽고 간단한 일조차도 자신의 가치관과 지혜로 결정하지 못하고 기계에 의존하려고 하는 태도가 만연되어 씁쓸하기만 하다. 그동안 인류가 해왔던 모든 일을 이제는 인공지능과 기계 인간이 그리스 신들처럼 자연계와 인간계를 평정해서 관장하게 되지 않을까 싶다.

그때가 되면 인간은 어떤 모습이 될까. 어느 외국 영화에서처럼 인간은 인공지능의 노예가 되어 무기력화되거나, 지하 하수구로 숨어들어 지상의 기계 인간들과 대항하면서 야생 동물처럼 살아가게 될지도 모른다. 인간은 춤추고 노래하고, 이기고 지는 게임을 하느라 운동장에서 아등바등하는데 기계 인간은 편안히 관중석에 앉아서 인간의 땀 흘림을 즐기게 되는 것은 아닌지 모르겠다.

그럴 때마다 우리의 삶을 반추해보게 되는 것이 문화와 문명이다. 편리함은 문명이지만 편안함은 문화다. 문명은 머리와 몸이지만 문화는 가슴과 마음이다. 인간이 좀 더 편리한 생활을 하고자 과학이 꾸준히 발전되어 왔지만 그만큼 행복해지고 인간다운 삶의 문화가 이루어졌는지는 의문이다. 책 대신 스마트폰을 들고 다니고, 마차 대신 빠른 승용차를 타고 다니지만 그렇다고 가슴이 더 뜨겁게 쿵쾅거리고 영혼이 더 맑고 순수해지지는 않은 것 같다. 오히려 근심 걱정은 더 많아지고, 생존은 협력보다 투쟁으로 변하고, 모두가 경쟁의 늪에 빠져 이기주의가 만연되지 않았나 싶다.

과학이 발전해 인간의 수명이 늘어난 것은 사실이지만 그와 더불어 대량 파괴 무기, 지구환경 파괴, 대형재난 사고 등 지구와 인류를 위협하는 요인들이 상대적으로 늘어난 것도 부인할 수 없는 사실이다. 현대과학은 누구를 위하고, 무엇을 위한 것인지 가끔 의문이 들 때가 있다. 야외에서 캠핑하는 취미가 귀찮고 불편한 일이지만 그 시간과 돈과 노력이 아깝지 않고 즐겁기만 한 이유가 뭘까. 도시의 문명과 시골의 자연을 좋아하는 차이처럼 편리함은 좋아함과는 분명 다른 것이 아닌가 한다.

조선시대의 〈월하정인〉이나 요즘 영화 〈봄날은 간다〉의 이별 같은 경우도 시대는 달라도 모두 똑같은 가슴에서 나오는 애절함과 애틋함 아닌가. 미국 펜실베이니아주 아미쉬 청교도 공동체처럼 현대문명을 거부하고 신과 자연과 인간에 충실해 살아가던 젊은이들이 사회에 나가서도 삶의 가치와 행복을 찾지 못하고 1~2년 후에 다시 마을로 돌아온다고 하지 않던가. 울고 웃고, 참고 견디고, 아끼고 사랑하고, 기다리고 그리워하고, 화도 내고 눈물도 흘리고, 때로는 외로움과 고독을 느끼면서 살아온 그 일들이 이제는 한때 인간들의 '낭만'이었다고 아쉬움을 토해야 할지도 모르겠다.

헝가리의 문예비평가 루카치의 〈소설의 이론〉 첫머리에 "별이 빛나는 창공을 보고 갈 수가 있고 또 가야만 하는 길의 지도를 읽을 수 있던 시대는 얼마나 행복했던가? 그리고 그 별빛이 그 길을 훤히 밝혀주던 시대는 얼마나 행복했던가?" 하고 썼다. 그때의 시공간으로 돌아가자는 뜻은 아니겠지만 감성과 영혼이 앞장서서 걷던 그 길은 이제 인류에게 다시는 돌아오지 않는 과거가 되어 버린 것일까.

새 인류가 도달할 그 지점은 유토피아일까 아니면 디스토피아일까. 어차피 인공지능 사회라는 커다란 역사의 흐름을 막을 수가 없다면 불안이 아닌 희망의 미래가 되었으면 좋겠다. 인공지능을 통해 모두에게 인간다운 삶이 가능하고, 처음부터 다시 인본주의에 맞는 사회를 재설계할 수 있다면 오히려 인류의 발전에 큰 기회가 될 수도 있지 않을까. 적게 일하고도 의식주가 해결되고, 여분의 시간으로 자기가 하고 싶은 일을 하고, 민족이나 국가의 개념을 뛰어넘어 세상이 공존하고 평화로워질 수 있다면 인류가 꿈꾸던 진정한 행복이 도래할 수 있지도 않을까 싶다.

　인공지능 시대가 되어도 봄은 올 것이다. 언제나 그랬듯 세상은 꽃들로 피고 지고 꽃향기가 그득할 것이다. 여전히 새들은 지저귀고, 밤하늘에 별들은 반짝이고, 들판의 바람은 나그네의 이마를 간질일 것이다. 인공지능은 인공지능이고 인간은 인간이고, 사람 냄새 물씬 풍기는 신인류시대의 낭만과 멋과 여유를 한편으로는 조심스럽게 기대해본다.

그리움이 머무는 곳

지난가을, 깃털 달린 새처럼 제절 아래 삐비꽃을 신나게 가꾸더니 어느새 마른 잔디를 외투 삼아 겨울을 나는 무덤이다. 본때 없는 세월 따뜻한 봄날을 꿈꾸듯 산소 하나 지난한 계절을 여닫는다.

일찌감치 시골로 귀향한 덕분에 선산에 자주 간다. 어릴 때는 무섭고 음산했던 곳이 지금은 집 앞 공원처럼 편하고 친근한 장소가 되었다. 엎어 논 밥공기 같다던 어느 시인의 말처럼 갈색 대지 위에 외딴 섬들이 고요 속에 그리움을 소환하고 있다.

거기서도, 여기서도 외로운 세상일 것이다. 조실부모하고, 세상에 등받이 하나 없이 혼자 살아내야 했던 아버지였다. 기댈 곳 없는 생生은 그만큼 가족에 대한 사랑과 희생으로 불타올랐다. 언제나 온화하고, 다정다감하고, 부지런한 모습이었다. 아마 지금도 바람결에 자식들 숨소리 놓칠세라 밤마다 하늘길 열고 계실 것이다.

어린 시절, 시골 읍내 외곽으로 이사를 한 적이 있었다. 집은 허름했지만, 마당은 넓었다. 크고 작은 호박돌로 쌓은 돌담이 골목길을 따라 길게 늘어서 있었다. 나지막한 담장 위로 하늘은 넓고 새들은 자유로웠다. 아버지는 가내공장과 살림방을 내기 위해 돌담을 헐어내고 아래채를 세워 담장을 대신했다. 집은 대문으로 들어오지 않으면 바깥에서 보이지 않는 높은 성채가 되었다. 마당에는 연못도 만들고 온갖 꽃나무를 심어 화려한 정원이 되었지만, 하늘은 좁아지고 바람도 길을 잃은 집이 되었다.

돌담이 사라진 그 집에서 아버지는 세상에서 가장 바쁘게 사셨다. 일복을 타고난 사람처럼 한 치의 여유도, 촌각의 해찰도 없이 시간에 쫓기며 살았다. 방향보다 속도, 정서보다 합리를 앞세우며 평생을 황소처럼 일했지만, 아버지의 생에 있어서 진정한 행복의 의미는 무엇이었을까? 그때 그 돌담을 그대로 두었다면 어떻게 되었을까?

높은 언덕 아버지 산소 곁에 오면 마음이 평온하고 편안해진다. 세상 두려움과 근심 걱정이 일시 멈춤이 된다. 세상살이 투정과 하소연을 해도 뭔지 모를 넉넉함과 위안이 느껴진다. 길 없는 길 걷는 늙은 자식일지라도 세상에 있는 그대로 나를 받아주고, 안아주고, 지켜주리라는 믿음 때문이다. 무슨 일이든 물불 가리지 않고 몸으로 막아줄 것 같은, 세상에서 제일 든든한 내 편이라는 생각에 나는 품 안의 어린아이가 되는 순간이다. 그만큼 슬프고, 아프고, 외로운 세상이다.

산소를 자주 찾는 것은 그리움 때문만은 아니다. 잘못한 일이 많아서, 미안하고 죄스러운 마음을 어쩌지 못해 용서받는 마음으로 그곳에 간다. 살아생전 한 번도 고맙다는 말 하지 못하고, 자식 된 도리로 호강 한 번 시켜드리지 못한 면구함이 남아 있기 때문이다.

산소가 있어 다행이다. 마음에 그리거나 허공을 보는 것도 좋은 일이지만 가슴 한편이 허전한 날, 어딘가 다녀올 곳이 있다는 것이 고향을 찾는 것처럼 마음이 편하다. 내 자식은 나와 다르니 후일 한점 바람이 될 생각이지만 그래도 나만은 기일제사와 벌초와 성묘를 하며 신심으로 아버지를 찾고 싶다.

살면서 힘들고 외로울 때마다 "아버지~" 하고 입버릇처럼 불러본다.

나무들의 반성문

 내년에는 아마 나무들의 키가 크게 자라지 않을 것이다.
 올해는 태풍이 심했다. 바람도 세고 비도 많아서 평소 멀쩡하던 나무들이 넘어지고 뿌리째 뽑혔다. 자정과 조정 능력에 이상을 발견한 나무들은 급히 성장 방향을 수정, 내년에는 나무의 키를 키우기보다는 뿌리와 둥치를 튼튼히 하는 쪽에 전력하기로 했다. 나무가 태어난 이래 올해처럼 심한 비바람을 겪어본 경험치도 없고, 지구환경 변화에 대한 미래 예측치도 없어 미처 충분한 방비를 하지 못했다.
 나무들은 또 자신들의 경거망동에 대해 반성도 했다. 뿌리내린 곳의 토질과 햇빛과 수량에 따라, 비바람과 추위와 더위에 따라, 그래서 때와 장소와 시간이 성장의 함수관계가 되어 자신을 스스로 보호하고 통제하는 최적의 결정을 내렸어야만 했다. 우주 만물의 원리와 자연의 섭리에 순응하는 것이 그들의 속성임에도 불구하고 잠시 자만과 오만에 빠져 자기 능력과 재주를 과신했다.

사람들의 유혹이 문제였다. 나무를 빨리 키워서 정원수로 내다 팔거나 돈이 되는 수확물을 하루라도 빨리, 그리고 많이 생산하려는 인간들의 교묘한 계산을 미처 눈치채지 못한 결과였다. 영양가 높은 거름이나 비료를 시시때때로 뿌려주는 대로 고스란히 받아들이는 식탐을 부렸다. 연못가 배부른 거위들이 사람들이 던져주는 먹이에 길들어 스스로 생존을 위한 의지와 능력을 잃어가듯, 나무들도 그 어두운 땅속 넓고 깊은 곳까지 뿌리를 뻗쳐 수분과 영양분을 찾아 헤매는 수고를 더는 하지 않았다. 몸통은 여리고 뿌리는 얕은데도 키만 멀대같이 웃자란 나무들이 결국은 조그만 비바람에도 제 몸 하나 가누질 못해 휘청대기 일쑤고 아예 바닥에 드러누워 제힘으로 일어서지도 못할 지경이 되었다.

처음에는 좋았다. 자기만을 위해 인간들이 주변의 잡목들을 베어내고 제초제를 뿌려 잡초들이 자라지 못하게 해주어 그야말로 유아독존이었다. 좁은 공간을 서로 차지하려 다투어야 할 필요도 없었고, 땅속뿌리들끼리 그물망처럼 서로 얽히고 섞여 부대끼며 시달리지 않아도 되었다. 혼자서 모든 것을 독차지할 수 있어 편하고 풍족해서 좋았으나 경쟁이 없어지자 긴장감도 사라지고 나태해지기 시작했다. 온실 속에서 자란 면역력 없는 화초처럼, 혹

독한 자연환경 속에서 견디고 부딪치며 살찌운 건강한 생명력을 차츰 잃어갈 수밖에 없었다.

생존 의식이 없으니 빈틈없이 땅을 차지하려 애쓰지도 않고, 조금이라도 깊이 뿌리내려 땅을 움켜쥐려고 하지도 않았다. 멀리서 날아온 풀이나 나무들의 씨앗도 사람들이 만들어 놓은 오염된 땅에서는 더 이상 자리 잡지를 못하고 금방 시들어버렸다. 혼자서만 뿌리박은 흙은 가벼운 가랑비에도 벌건 속살을 드러내며 골이 깊게 팰 만큼 연약해서 산사태 때 그야말로 속수무책, 그리 쉽게 땅이 허물어져 내려도 혼자서 막아내기에는 역부족일 수밖에 없었다. 자연환경에 대한 스스로 적응원리를 망각하고 사람들에 의해 인위적으로 길든 부작용이었다.

자연은 자유로워야 한다. 사람들의 감각에 눈요기로 만들어진 전지나 분재 된 나무들은 그냥 보기 좋은 조형물일 뿐이지 진정한 자연이 아니다. 여름이면 뜨거운 태양 아래 한 줌 소나기에 목말라 보기도 하고, 겨울이면 매서운 눈보라에 가지가 꺾여나가는 아픔을 견뎌내는 절박함이 있어야 한다. 무심한 하늘을 향해 목 놓아 울어도 보고, 어둠의 땅을 파헤치며 가슴이 찢어져 보기도 해야 한다. 태양과 바람과 빗방울과 별들의 영혼과 함께할 때 비로소 원형질의 자연이다.

자연 속의 나무는 자신의 역량과 한계를 스스로 판단하여 잎도 열고 가지도 키워낸다. 꽃이라고 모두 열매로 맺지도 않는다. 열매의 수량과 크기마저도 중간에 제한하거나 과감히 도태시킨다. 힘들게 여물어 낸 씨앗은 최대한 멀리, 더 넓게 퍼뜨리기 위해 혼신의 힘을 다한다. 바위 틈새나 여울목에도, 아무리 척박하고 열악한 땅에도 혼불 같은 그 씨가 날아들어 새롭게 움을 틔우고 뿌리가 내리도록 경이로운 생명력과 생존력을 발휘한다. 자연의 지혜와 방법은 원래 그렇게 오묘하고 신비스러운 것이다.

저 앞산의 풍치를 농담濃淡도 없는 짙푸른 색 한가지로 도배해 놓은 것은 결국 사람들이었다. 봄철 초록에도 빛깔의 채도와 명암이 있어 푸름이 가지각색이고, 가을철 단풍에도 노랗고 거무스름하고 붉디붉은 것이 있어 온 산을 화려하게 채색할 수 있었던 것은 다양한 종류의 나무들이 서로 어울려 함께 살아가고 있었기 때문이다. 한 뼘 땅과 한 줌 햇빛을 놓고 내가 살기 위해서 네가 죽어야 하는 것이 아니라, 나는 나대로 너는 너대로 저마다 자기다운 모습과 의미를 지키면서도 함께 생존할 수 있는 균형과 조화의 이치를 나무들은 알고 있었다. 언제부턴가 경제수종이라는 핑계로 사람들이 온 산을 한 종류 나무로만 심어놓고 서로들끼리 더 빨리, 더 크게 자라도록 경쟁과 반목을 부추기며 전쟁터로 만들어 놓았다.

올해도 산마다 간벌이 한창이다. 군락을 이룬 소나무들을 솎아주었을 때와 그냥 두었을 때와는 같은 기간 동안 나무들의 둥치와 키의 성장이 두 배 이상 차이가 나는 것이 사실이다. 간벌이 당연한 경제 논리이다. 곧은 놈, 키 큰 놈, 잘생긴 놈은 훌륭한 목재감으로 살아남고 굽은 놈, 키 작은 놈, 못생긴 놈은 쓸모없는 땔감으로 일찌감치 그 운명의 선택이 갈라질 수밖에 없다. 굽은 소나무가 선산 지킨다는 말도 옛말이다. 나무속은 썩고 병들어도 겉으로 멀쩡하고 눈에 보기 좋으면 그만이다. 바위를 끌어안느라 허리가 굽은 나무, 하늘을 열어주느라 남보다 덜 자란 나무, 산새들에게 집을 내주느라 울퉁불퉁 상처 난 나무들에 열등과 우열의 잣대로 단순히 선별한다는 것이 안타까운 일이다. 사람 손길이 닿지 않던 그 옛적, 잘난 놈 못난 놈 서로 기준도 없고 비교됨도 없이 세상을 함께하던 자연 그대로의 자연이 그립다.

    나무는 정상이다. 사람이 있어 문제가 되고, 그 배경에는 항시 탐욕이 있다.

골목길을 걷다

　골목길은 삶의 자궁이다. 어느 나라 어느 시대에도 존재하는 골목들, 세상으로 향하는 길은 골목에서 시작되었다 해도 과언이 아니다. 누가 만들었을까? 햇볕 따사로운 곳에 외딴집, 먹을거리를 찾거나 말동무를 만나러 걷다 보면 바위를 피하고 냇물을 건너뛰며 작은 길이 만들어졌으리라. 오랜 시간을 보내며 그 길 주위로 이웃들이 하나둘 들어서고 골목은 골목으로 이어져 마을이 되고 세상을 만들어내었다.

　골목길은 만남이고 소통이다. 인연을 만들고 관계를 형성한다. 가고 오는 숨탄것들의 통로이고 울고 웃는 인생극장의 여백이다. 길목을 지나는 바람의 층계마다 사람 살아가던 흔적과 풍경들이 고스란히 저장되어 있다. 그들만의 이야기와 숨결, 몸짓과 냄새들이다. 과거와 현재도, 미래와 영혼도 모두 길의 연장선상이고 삶의 여정이다.

골목에서 살아본 사람들은 안다. 아주 천천히, 느리게 자라며 수많은 시간이 통과한 골목길은 외로운 세상을 살아가는 민초들의 안식처이며 생의 본거지이다. 세상으로 나가는 길목이었으며 오늘을 살아가는 버팀목이었다. 아무리 세상이 변해도 쉽게 사라지지 않는 따뜻한 이야기와 정겨움이 삶의 뒤안길처럼 그곳에 숨어 있다. 한숨, 눈물, 웃음, 환희 그리고 희망 등이 골목 곳곳에서 벌어졌던 시간과 존재들을 기억하고 있다.

가끔 추억이 그리우면 예전 익숙했던 골목길을 찾아본다. 수십 년 전 어린 시절 고향 돌담길도 있고 대학을 다니던 뒷골목 하숙집, 신혼 시절 산동네 비탈길도 있다. 대부분은 그 방향과 형태도 알아보지 못하게 변했거나 없어져 버리고 말았다. 무조건 넓어지고 곧게 뻗어 골목 같지 않은 골목, 그나마 구석진 곳에 그 시절의 흔적이 어슴푸레 남아 있어 옛 향취를 더듬곤 한다. 천천히 걷다 보면 지나온 삶이 다시 보이고, 잊고 살았던 존재가 하나하나 깨어나 나에게 말을 건다.

우리는 그 골목길에서 키가 자라고 뼈가 굵어져 갔다. 친구와 이웃을 알았고, 꿈과 낭만을 키웠고, 사람 간의 인정과 의리를 배웠다. 가방은 한쪽에 모아두고 자치기, 딱지치기, 말뚝박기, 숨바꼭질, 땅따먹기 등 놀이에 대한 추억은 덤이다. 첫사랑 그 여자에게 가슴 두근대며 포옹을 해본 것도 그 골목이었다. 비 오면 진창 길이고 바람 불면 흙먼지가 날렸지만 우리들의 생은 기름지고 풍요로웠다.

골목길은 곡선이다. 자연 그대로 미로처럼 얽혀 직선을 거부한다. 직진만 있는 생은 외롭고 고달프다. 쫓기지 않고, 재촉하지 않고, 필요하면 되돌아갈 수도 있는 길이면 삶이 넉넉해서 좋을 것 같다. 신호등이나 표시판이 없는 골목길은 내 집, 내 가족, 내 친구의 냄새를 쫓아 코를 벌렁거리며 찾아가는 길이다. 가고 싶을 때 가고, 서고 싶은 곳에 서고, 쉬고 싶을 때 쉴 수 있는 길이다. 처음 가는 골목길이라도 낯설지 않고 친근감을 느끼는 것은 그 편안함과 여유로움 때문이다.

좁은 골목길의 아침은 발걸음 소리로 시작한다. 앞집과 옆집에서 삐거덕 대문이 열리면서 하루를 내딛는 힘찬 숨소리가 들려온다. 가까워졌다가 멀어졌다가, 커졌다가 작아지는 그 소리는 "저벅저벅"이었다가, "타닥타닥"이었다가, 때로는 "또각또각" 분절음을 내면서 바닥에 제 하루의 시작을 알린다. 세상을 향해 달려가는 그 예리성은 규칙적이면서 단단하고, 율동적이면서 경쾌하다.

골목길에서는 모두가 주인공이다. 밤늦은 자식을 기다리는 뒷짐 걸음의 노인, 어깨가 늘어진 채 한잔 술에 흥얼대는 고단한 가장, 한바탕 부부싸움 끝에 이웃집으로 종종걸음 하는 여인네도 오늘의 주연들이다. 그들을 위해 웃음을, 슬픔을, 농담을, 한숨을 진심으로 받아주는 역할도 골목길의 이웃이다. 세파에 부대낄 때마다 참고 견디는 법을 배우며 서로에게 기대고, 서로를 껴안으면서 골목의 뼈와 심장은 더욱더 단단해져 갔을 것이다.

골목길이 날마다 사라져간다. 사람들은 크고, 넓고, 반듯반듯한 것을 좋아한다. 화려함과 편리성을 앞세워 구불구불한 골목길이 활주로처럼 곧게 뻗어나가고 달도 별도 없는 불야성의 거리로 변하고 있다. 아파트를 짓기 위해, 소방도로 확보를 위해, 도시 미관을 위해, 방범에 취약해서 등 이유는 갖가지다. 아직은 얼마든지 살만한 동네인데도 이런저런 이해관계로 오래된 시간의 발자취들이 아무렇지 않게 지워지고 낯선 세상이 되어 가고 있다.

익숙함과 편안함; 그동안 우리가 살아온 삶의 방식과 이야기가 그 의미와 가치를 잃어간다는 것은 슬픈 일이다. 낡음이나 불편함이 결코 결핍이나 부족함은 아닌데도 삶의 본질은 외면한 채 황금도시의 행복만을 추구하고 있는 것 같다. 시골이 점점 폐허가 되어 도시로 몰려가듯 사람들은 골목길이 없는 높은 건물의 직각 벽 속에 갇혀 살고 있다.

앞으로의 세상이 더는 골목을 품어주지 않을지도 모른다. 인공지능이며, 첨단과학이며, 우주통신이며 모두 골목길과는 거리가 먼 단어들이다. 이 시대의 새로운 가치로서 좇아갈 수밖에 없는 처지지만 그동안 인간이 장구한 세월에 걸쳐 축적해온 세상이 자꾸만 '쓸데없음'이 되어가는 현실이 안타깝기만 하다. 인간의 영혼과 정서도 메말라가고 골목마다 품고 있던 작고 소박한, 공동체적인 삶도 머지않아 시야에서 사라질지도 모르겠다.

걷는 것만으로도 위로가 되는 길이 있다. 고된 노동 후에는 밥이 달고 잠은 깊은 법, 밤이면 어둠 속에 집집이 코 고는 소리가 풀벌레 소리처럼 들려오는 평화로운 마을이 결코 낭만만은 아닐 것이다. 사람 냄새가 물씬 풍기는 골목길, 따뜻한 마음이 내는 길을 밟고 산다면 그것 또한 행복에 가까이 다가가는 일이 아닐까 싶기도 하다.

눈[眼]으로 말하다

　코로나19로 인해 몇 년간 마스크 착용이 일상화되었다. 얼굴 전체가 마스크에 가려져 오로지 눈만 쳐다보고 산다. 깜빡이는 신호등 응시하듯 언제부터 눈이 유일 신앙처럼 되었을까? 때로는 말보다 표정이 진심인데 얼굴을 가린 마스크가 눈을 키우고, 눈으로 말하는 법을 학습한다. 눈 크게 뜨기, 눈 질끈 감기, 실눈 뜨기, 윙크하기, 눈동자 굴리기, 눈 깜빡이기, 눈웃음치기. 눈에 힘 주기, 먼 허공 보기. 모자라는 자음과 모음을 대신해 때로는 두 눈썹까지, 주름진 미간까지도 단어의 의미소가 된다.

　입술이 살지 않는 문장들은 건조하고 낯설어 자꾸만 실핏줄이 터진다. 너무 뇌쇄적인 시선은 농익어 부끄럽고, 진심을 놓친 눈빛은 문장이 되지 못해 도무지 행간이 읽히지 않는다. 갈수록 섬

세하고 예민해진 눈 때문에 언어는 나약해지고 눈빛만 비대해진다. 마음과 마음의 불립문자가 된 눈은 오늘도 청포묵처럼 날창날창한 눈웃음을 짓고 있다. 일찍이 팬데믹을 겪었다는 외계인들처럼 입은 작아지고 눈만 커지는 날도 멀지 않은 것 같다.

눈은 마음의 창窓이라고 한다. 인간이나 동물이나 눈을 들여다보며 서로의 마음을 읽고 많은 감정을 주고받는다. '눈빛만 봐도 안다.'라고 하는 말처럼 때로는 입으로 말하는 수많은 언어보다 진심을 담은 눈빛 하나가 가슴을 울리고 마음을 열리게 한다. 배우들의 눈빛 연기를 보면 대사 하나 없이도 공포, 우울, 열정, 슬픔, 환희, 불안, 멸시, 허망, 애수, 분노, 질투, 애증, 고통, 순수, 공허, 허탈, 조소, 강직 등 무대의 배경이나 감정이 그대로 살아난다.

동물들은 눈 자체로 자신을 드러낸다. 노새나 낙타처럼 힘든 일을 하는 가축, 사슴이나 기린 같이 순하고 여린 동물들은 우물 같은 동공의 깊고 큰 눈을 가졌다. 투명하고 정직한 검은 눈동자의 섬 같다. 반면 사자나 표범, 야행성 맹금류의 눈은 몸집에 비해 작고 형형색색이다. 이글거리는 눈빛 속에 살기가 등등하다. 반면, 인간들만큼 변화무쌍하고 속임수를 가진 눈빛도 없는 것 같다.

어린 시절 보았던 외갓집 누런 암소의 눈빛을 아직도 잊지 못한다. 막 어미 젖을 뗀 송아지를 오일장에 팔고 온 뒤였다. 어미는 사흘 밤낮을 굶고도 외양간에서 꼼짝도 하지 않았다. 산으로 꼴 먹이러 가기 위해 억지로 끌려 나온 소의 눈망울은 진홍빛 물안개로 흐려 있었다. 기른 정 봄날의 햇살이 그리 그리웠을까, 낳은 정 배냇짓 정한이 그리 서글펐을까. 하늘지붕 내려앉은 먹먹한 가슴은 주인이 그렇게 원망스러웠는지도 모른다. 분노에 찬 눈빛으로 갑자기 뿔을 들이대며 고삐를 내팽개치고 산속으로 달아나 버렸다. 뒤늦게 마을 사람들에게 끌려온 그 소는 높은 언덕에 올라서서 자식이 팔려나간 강 건너 장터 소전을 하염없이 바라보고 있었다고 한다. 아마도 절망에 빠진 낙조 진 눈빛이었을 것이다. 인연은 또 해체인 것을, 다시없을 슬픔을 비워내기 위해 망각에 몸부림치는 몇 밤을 더 보내고서야 십우도十牛圖처럼, 자기 존재도 잃어야 회귀하는 평상심의 눈빛으로 돌아올 수 있었다.

눈은 얼굴에 붙은 작은 심장이다. 눈을 보면 그 사람의 마음이나 심리상태를 짐작할 수 있다. 사람은 관심이 부족하면 상대를 쳐다보지 않는다. 궁금할 이유가 없으므로 시선을 돌리게 된다. 용서를 구하는 간절한 눈빛마저 외면하는 것이다. 자의적이다. 세상에 무관심보다 서러운 것도 없다. 반면 두렵거나, 미안하거나, 잘못한 것이 있어도 상대의 눈을 피한다. 눈치를 보며 곁눈질을 하는 것이다. 의도적이다.

바늘처럼 뾰쪽한 가시눈으로 세상을 읽으려고 했다. 청안시보다 백안시였다. 높고 화려한 것에는 질투의 눈이었고, 낮고 부족한 것에는 멸시의 눈이었고, 이기고 지는 문제에는 오기의 눈빛이었다. 의리와 순수를 지향했으나 마음의 눈이 없어 겉치레에 불과했다. 남에게는 까칠하고 자신에게는 관대한 눈이었다. 못 본 척 감은 눈 뜨게 하고, 칼을 세운 눈 풀어내고, 헛거미 잡힌 눈 끌어내는, 내 안의 나를 읽고 있는 그 눈을 요리조리 피해 다녔다.

생의 원근을 헤아려주고, 삶의 명암을 분별해주는 눈. 눈에도 온도가 있고, 문門이 있다. 듣고 싶은 말만 듣고, 보고 싶은 세계만 보니까 자기 욕구가 앞서고 서로의 소통이 불가능할 수밖에 없었다. 잘 본다는 것은 몹시 어려운 일이다. 작고 미미한 것도 보는 이의 마음가짐에 따라 오해와 왜곡을 불러일으킨다. 이쪽을 보느라 저쪽을 못 보고, 웃음만 보느라 눈물을 보지 못했다. 두 눈을 뜨고도 보지 못하는 것들, 눈 안에 있지만 눈 밖에 있는 사람들도 많았다.

몹시도 맑은 눈이었다. 매듭진 데 없이 순하고 옅은 눈빛이었다. 바늘에 실 꿰느라 헛손질만 하는 노모의 눈은 언제부턴가 텅 빈 동공이었다. 자식의 걸음마다 응원처럼 따라붙던 어머니의 눈빛이 어느 날부터 젖은 영혼으로 흔들리고 있는 것을 눈치채지 못했다. 나를 향한 기대와 격려의 눈빛에도 무관심했고, 달의 뒤편처럼 못다 읽은 당신의 생에도 헛것을 본 양 눈 맞추지 않았다. 더 이상 나를 바라보는 사람이 없다고 느낄 때의 세상은 얼마나 외롭고 슬픈 일일까.

나는 어떤 눈을 가졌을까? 휴대폰을 꺼내 내 눈 사진을 찍어보았다. 나이가 들어 눈빛이 게슴츠레해지고 뱁새처럼 눈도 가늘어졌다. 눈웃음지으려 입꼬리를 올려도 호의를 담은 안시眼施를 주기는커녕 도리어 살벌하게만 보인다. 거울 앞에 보이는 눈보다 남의 눈에 비치는 눈이 중요할 것이다. 아낌없이 눈물샘을 꺼내 내 어둠부터 닦아내야겠다. 현자의 마음 같은 눈은 못될지라도 내 눈에 온기라도 찾아 세상을 따뜻하게 바라보아야겠다.

4부

여백을 찾다

돌담, 쉼표를 찍다

무성서원, 움직이는 서책

순장殉葬

남강, 그곳에 가고 싶다

둘레길을 걸으며

금속활자, 어둠에서 깨어나다

돌무지로 잠든 마지막 왕의 슬픔

숲을 찾는 사람들

여백이 머무는 정자亭子

대장간을 엿보다

돌담, 쉼표를 찍다

'골목에서 길을 잃어버리지 마시게'*

집과 집으로 이어진 돌담이다. 담장 너머 안주인의 생이 조각보처럼 바느질된 것 같기도 하고, 기승전결이 완벽한 퍼즐처럼 삶의 편린들이 제자리를 찾아 맞춰진 것 같다. 채마밭처럼 푸른 이끼로 덮인 돌담들이 세월의 눈가에 주름진 그리움을 품고 있다. 그 돌담 위로 호박 넝쿨이 느릿하게 타고 오른다. 안과 바깥의 경계가 아니라 원래부터 그들의 언덕이고 기둥이었던 것처럼 오래된 생을 끌어안고 있다.

거미줄처럼 얽혀있는 골목길이 탈출구를 찾아가는 미로 같다. 어디로 가야 하는지, 어떻게 가야 하는지 순간 나를 잃고 자리에 멈춰 선다. 귀를 기울이고 코를 벌렁거려본다. 뭔가 알 듯하다. 이

곳 사람들은 방향과 표식보다 자기에게 익숙한 소리와 냄새를 쫓아 저마다 제 갈 길을 찾아가는 것 같다.

흑백 사진처럼 아무런 동요나 주장이 없을 것 같은 무채색 돌담 위로 드문드문 뜰 안의 나무들이 바깥세상을 내다보고 있다. 그 돌담 틈새 사이로 하루를 탁발하는 달팽이가 둥글게 몸을 말아 먼 시간을 끌어당긴다. 발맘발맘 엄마 등에 업혀 동네 마실 가던 길, 새척지근한 속살 내음 귀뺨으로 핥았던 어머니 따뜻한 등이 그립다.

담장 앞에 정물처럼 한 노인이 앉아 있다. 바닥에 납작 웅크린, 소 눈망울같이 순한 자기 집을 꼭 빼닮았다. 주름진 손등이 꼼지락거릴 때마다 이 마을의 오래된 이야기를 풀어놓으려는 역사책 같다. 천천히 가야 보인다고, 느린 것이 멀리 가는 힘이라고, 쉬운 것이 오래 가는 법이라고 불립문자처럼 사투리로 삶을 일러줄 것 같다.

햇살이 눈 부셨지만 시간이 멈춘 듯하다. 침묵과 정적으로 길게 늘어진 돌담길을 새뜻한 바람 한 줄기가 휘파람 소리를 내며 모퉁이를 돌아 나온다. 세상의 모든 바람이 한 번쯤 여기 담벼락에 쉬었다가 다시 제 갈 길로 가는 듯하다. 모든 생명과 에너지, 그리고 시인의 영혼도 이 바람이 키웠을 것이다.

예천의 금당실 마을이다. 금당길, 배나무길, 구장터길, 나무지게길, 은행나무길, 고택길, 고인돌길 등 이름도 예쁜 이정표가 수

백 년의 고택을 끌어안고 있다. 돌담과 토담이 서로 이웃하며 나지막한 자세로 저마다의 품위를 유지하고 있다. 아무 곳에나 시선을 돌려도 마음이 안정되고 편안해지는 휴식 같은 존재가 바로 이곳이다.

사대부 집안의 육면체 사괴석 담장도 있고, 돌과 흙을 번갈아 쌓고 사모관처럼 기와로 지붕을 얹은 토석담도 있다. 이엉을 용마루로 얹어놓은 토담은 마치 꿈틀거리며 비를 몰고 오는 용 같아 보인다. 하지만 막사발 민초들처럼 그냥 둥글둥글한 막돌을 주워다 쌓은 강담을 보면 마음도, 세상도 덩달아 둥글어지는 것 같아 정이 간다.

둥근 것들은 순하다. 벽돌처럼 각을 세워 모서리를 만들지도 않고, 콘크리트처럼 바람 한 줄기 샐 틈도 없는 장벽이 되지도 않는다. 그 구멍 숭숭한 틈새 사이로 바람이 들랑거리고, 애벌레는 둥지를 만들고, 소나기를 피해서 찾아든 나비의 처마가 된다. 그 틈이 있어 세상은 따뜻해지고 구석까지도 햇살이 환하게 들어올 수 있다. 경계이면서도 경계가 아닌 창호지 같은 돌담, 이곳에 사는 사람들의 언어는 청유형의 완곡어법일 것 같다.

돌담에 귀를 대면 또랑또랑한 새벽 계곡물 소리, 초저녁별들의 반짝이는 웃음소리가 들린다. 큰 돌과 작은 돌이 서로 균형을 이루고 각기 다른 모양들이 짝을 이루어 구성된 돌담. 서로 잡아주고, 받쳐주고, 어깨를 맞대어야 태풍에도 견디어 낼 수 있는 힘이 되는 것을 그들은 안다. 접착제 하나 없이도 비바람에 흔들림 없는 천년 돌담이 되기 위해서는 돌을 쌓는 하나하나에 정성과 기도밖에 없었겠다.

사람들이 부와 권력에 대한 욕심과 집착이 커지면서 점점 담이 높아지고 견고해졌다. 개발이라는 명목하에 구불구불했던 길도 반듯하고 넓어지기 시작했다. 크고, 곧고, 각지고, 단단한 부피를 가진 것들을 앞세워 낡고 오래된 돌담은 자꾸 허물어 갔다. 사람과 사람 사이의 담도 그만큼 높아져 집안이 들여다보이는 것을 허락하지 않고 마음도 드러내지 않는다. 시멘트 회반죽으로 바늘구멍 하나 없는 담장은 더 이상 바람도, 나비도 찾지 않고 둥근 보름달은 자꾸 도망만 다닌다.

앞만 보고 달려가는 현대사회는 시간이 없는 세상을 만들었다. 남보다 앞서가야 하고, 어떻게든 이겨야 하고, 무엇이든 뺏어와야만 하는 경쟁 시대에는 속도가 우선일 수밖에 없다. 낮은 것은 들키기 쉽고, 울퉁불퉁한 것은 거추장스러운 일이다. 좁은 것은 불편하고 오래된 것은 불필요하다고 말한다. 속도가 빠르면 그만큼 시간을 아껴 저축이라도 해두는 것처럼 '오늘'을 허둥대며 살고 있다.

부수는 것이 선善이라도 된 양 무조건 새로운 것만을 좇아가는 세상에 금당실 마을은 그런 점에서 특별난 곳이다. 이곳에 오래된 돌담길은 어쩌면 세상에 이미 존재하고 있는 모든 것에게서 새로운 가치를 발견하려는 또 하나의 작업은 아닌지 모르겠다.

나의 마음을 움직이는 것은 오래된 것과 새것, 비싼 것과 싼 것, 편리와 불편, 중심과 가장자리의 차이에 있는 것이 아니다. 세상을 둥글고 순하게 보는 눈을 가질 때 진정 내가 귀해지고 소중해지는 것이 세상의 이치다.

이곳에서는 빠르게 걷는 사람이 없다. 간혹 골목길을 뛰어다니는 어린아이들이 보이지만 그들 나이에는 뜀박질이 가만히 있는 것보다 오히려 여유로운 일이다. 돌담길은 느림이다. 눈과 귀를 열어두고 천천히 걸어야만 보인다. 돌담길에 느낌표로 머물고 있으니 그 속에 사람들이 근원적으로 그리워하는 것, 바쁘게 사느라 잃어버렸던 모든 것들이 숨겨져 있음을 뒤늦게 깨닫는다.

아껴둔 비점을 찍듯 돌담에 손을 얹어본다. 과거를 입고 현재를 거닐 듯 돌담길이 지난 시간을 살아온 나를 격려하고 위로해주는 것 같다. 나를 들여다보는 내가 보이고, 숨 가쁘게 살아가는 내 일상에 잠시 여유라는 쉼표를 툭! 찍는다.

*금당실 마을 입구에 세워놓은 표지판

무성서원, 움직이는 서책

 책 읽는 소리가 세상에서 가장 듣기 좋은 소리라 했다. 예부터 '꽃향기는 백 리를 가고, 술향기는 천 리, 사람 향기는 만 리를 간다.'라는 말이 있다. 인향人香의 싹은 책향冊香에서 나온다. 서원은 '책의 집'이다. 전통을 계승하고 후학을 양성하는 배움의 전당이다. 지난 5백 년 조선의 철학과 사상을 관통하던 성리학의 상징적 장소이고, 유가적 이상인 존현양사尊賢養士의 실체적 공간이다.
 세상에 맛있는 것보다, 눈에 즐거운 것보다 마음에 위안과 평온을 찾고자 할 때가 있다. 나 안의 내가 누구인지, 세상 앞에 흔들리는 마음을 어떻게 다 잡아야 할지 가슴이 답답할 때 선비정신의 원형인 서원을 간다. 곧은 붓끝 그윽한 먹물 향기, 서원에 가면 고본상의 문자 향처럼 고절함과 예스러움의 정취가 바 잡은 마음을 넉넉히 감싸주는 것 같다. 화려함은 없다. 그래서 더 좋다.

정읍시 칠보면에 있는 무성서원이다. 유네스코 세계문화유산으로 등재되고, 흥선대원군의 서원철폐령에도 훼철되지 않은 우리의 자랑스러운 유산이다. 서원을 에워싼 담장 너머로 결 고운 선비의 글 소리가 시공을 뚫고 낭랑하게 들려오는 것 같다. 시끌벅적한 세상 소음들이 역사의 무게감에 잠시 정지된 듯 주위는 고요하기만 하다. 산 너머 푸드덕 날아오르는 산새의 날갯짓도 지극한 정靜의 세계를 펼치는 소리요, 몸짓이다.

위치부터 뭔가 남다르다. 물 맑고 풍치 좋은 곳에 외따로 떨어진 다른 서원과 달리 동네 한가운데 버젓이 자리 잡고 있다. 2층 누각인 정문 앞에 넓은 광장이 펼쳐져 있고 마을은 서원을 향해 길을 내고 집을 지어 옹기종기 모여 산다. 서원과 한마음이라도 되려는 듯 집집이 기와지붕을 둘러 하늘에서 내려다보면 마을 전체가 서원 같다. 그래서 무성서원은 마을 정자처럼 태평스럽고 사랑방처럼 친근하다. 근엄하고 엄숙한 분위기는 그다음이다. 경내와 당우堂宇를 동네 사람들이 마실 가듯 수시로 드나든다.

서원은 마을에 둘러싸여 있고, 마을은 서원을 품고 있다. 동네 이름도 '원촌', '서원이 있는 마을'이라는 뜻이다. 작지만 결코 작지 않은 마을이다. 이곳 태인과 칠보 마을은 조선조 민간 출판업자에 의해 간행된 방각본坊刻本 서책이 나오던 곳이다. 자본과 유통력이 있어야 하는 일이라 호남에서는 전주와 나주 그리고 태인, 그 외 경기도 안성이나 경상도 달성 정도가 방각본을 출간할 수 있었다고 한다. 얼마나 책을 좋아하는 고장이고 사람들인가.

정문에 걸린 현가루絃歌樓 현판은 '어려운 가운데서도 학문은 계속되어야 한다.'라는 뜻이다. 이 서원의 문은 천민들에게도 열려 있었다고 하니 배움에 대한 남다른 의기와 결기가 느껴진다. 경내에 들어서니 단아하고 고즈넉한 전각마다 학문의 전당답게 오래된 존재감과 고결함이 곳곳에 스며있다. 목덜미를 스쳐 가는 바람의 층계마다 지혜의 푸른 서기 가파르고, 정감 묻은 시가詩歌의 향취 시간 밖의 시간으로 흐른다.

스승과 제자들이 한 공간의 마당을 함께 거닐며 학문을 논하는 모습을 상상하면 배움의 열기가 눈앞에 그려진다. 이기를 논하고 성리를 구하다 보면 밤이 새는지도 몰랐을 테다. 장닭 홰치는 소리에 개벽의 아침처럼 청운의 꿈이 숨 쉬고 의롭고 정의로운 선비정신 또한 새벽 여명을 뚫고 온 누리에 퍼져갔을 것이다. 아침이면 동그랗게 하늘 한 귀퉁이 열리면서 마음은 자유로운 새가 되고 몸은 늘 푸른 청송이 되었으리라.

무성서원은 최치원과 정극인, 신잠을 포함한 일곱 분의 명현을 모시고 그 덕망과 충절을 본받으며 학문과 사상을 연구하던 곳이다. 이들은 모두 신분의 한계와 시류의 제약으로 젊어서는 제 역량을 발휘하지 못하다가 정읍에 봉직하고서야 비로소 큰 뜻과 선정을 마음껏 펼칠 수 있었다. 비록 이방인이지만 그런 것쯤 아무 것도 아니라는 듯 정읍의 가슴으로 품고 영정과 위패를 서원에 모셨다. 이곳 사람들은 스스로 자신을 높일 줄은 모르지만 남을 격려하고 칭찬할 줄은 알며, 소 눈망울같이 둥글고 순하지만 불의나 부정 앞에서는 분연히 일어서는 의로운 고장이다.

호남의 너른 벌판같이 그런 넓은 마음과 높은 정신을 가졌기에 이곳에서 우리나라 최초로 '고현 향약'이 시행되고, 한국 가사 문학의 효시인 '상춘곡'이 태어날 수 있지 않았을까. 수령들의 발호가 사라지고 압량위천도 금지되었다. 사람과 사람이 약속하고, 개인과 집단이 결속하여 자치자규하는 문화공동체가 이미 550여 년 전부터 이 마을에 스며들어 풀뿌리 민주주의의 꽃을 피워온 것이다.

무성서원은 교육 기능만이 전부가 아니었다. 민본에 근거한 학문과 사상은 책 속에만 묻혀있지 않고 현실 참여적 실천정신으로 승화되었다. 1906년 호남 유림이 총궐기한 병오창의丙午昌義가 결의된 곳이 바로 이곳이다. 이미 조선왕조는 기울었지만, 이 땅에 의기마저 꺾인 것은 아니라는 듯 호남 의병 투쟁의 시작이었다. 항일의 기치 안에 사람들이 목숨을 내놓고 모여들고, 또 전답을 팔아 군수물자를 제공할 수 있는 사람들이 살았던 곳이 여기 태인이고 칠보였다.

선비의 숨결이 오롯이 담겨있는 기왓장 하나, 예나 지금이나 변함없는 풀포기 하나에도 한 나라의 역사를 지켜온 무궁한 힘이 느껴진다. 강당 대청마루에 잠시 궁둥이를 붙여본다. 물리고 버릴 것 분별하고, 지키고 이루고 되살릴 것 잊지 않는 저 꼿꼿한 선비정신의 봉우리를 본다. 썩은 권세 버리고, 부끄러운 세상 비우고 비워 상궤常軌를 벗어나지 않으려는 선비 같은 삶을 기대해본다. 무엇이 옳은 일이고, 무엇이 자랑이 되는 일인지 청렴하고 올곧은 선비정신과 기개를 가슴에 담는다.

 닫혔던 내 삶에 숨구멍이 열린다. 우렁우렁했던 그 낮과 밤의 말씀들 들리고 그 따끔하고 찰싹, 하는 소리가 날 것 같은 명현한 숨결들이 나를 일깨운다. 세파에 시달리고 온갖 시름에 흔들리며 살다 가도 서원에 오면 마음은 늘 경건하고 굳건해진다. 흰 두루마기 깃 눈부신 하늘에 한 점 구름이 닿을 듯 말 듯하다.

순장殉葬

"산 위에 저게 뭣꼬!"

1560년쯤 조선, 남명 조식이 고령 주산성 남쪽 능선에 줄지어 늘어서 있는 대가야 왕릉을 보고 놀라서 외친 말이다. 가야 6국 중 하나인 대가야는 서기 400년경부터 562년 사이에 고령을 중심으로 영호남에서 크게 성장한 국가이다. 이곳에 우리나라 최초로 발굴된 순장묘 왕릉인 지산리 44호와 45호를 비롯하여 왕족과 귀족들의 크고 작은 700여 기의 고분이 낙타 등처럼 울끈불끈 솟아 있다.

가야는 왜 신라와 다르게 왕을 평지가 아니라 하늘 아래 언덕에 묻었을까. 망자의 영혼이 하늘에 더 가깝게 다가가기 위해서일까. 아니면 죽어서도 높은 곳에서 도읍지를 내려다보며 백성을 지켜주려는 순정한 뜻이었을까. 능선 위쪽 높은 곳으로 갈수록 규모가 크고 신분이 높은 왕족이고, 아래쪽 낮은 곳일수록 귀족들의 무덤인 걸로 봐서는 권력을 상징하는 일종의 계급의식인지도 모른다.

봉분은 바다 위에 드러난 섬이다. 고분은 가야의 역사를 전해주는 언어의 무덤이라 할 수 있다. 기록문화가 남아 있지 않는 가야로서는 그 섬 아래 그들의 삶과 풍습과 정서를 읽을 수 있는 든든한 물증을 가지고 있다. 섬은 흔들리지 않는다. 갯바람과 거친 파도에도 묵묵히 버티는 섬처럼 세월이 가고 사람이 바뀌어도 역사는 변함이 없다. 봉우리 틈새마다 대가야의 전설이 살아 숨 쉬고 있는 것 같다.

대가야 왕릉전시관에 들어선다. 돌덧널무덤의 구조와 축조방식, 매장 모습, 껴묻거리의 종류와 성격, 돌방구조 등 모형과 실물을 통해 실제 발굴된 무덤 그대로 복원해 놓았다. 실증 그대로, 거리낌 없는 세세한 표현에 고분을 직접 발굴하고 있는 것처럼 생생한 느낌이 든다.

오늘날 무덤과는 많이 다르다. 순장殉葬 때문이다. 삶과 죽음이 애 터지게 한목소리로 부르고 대답하는 곳이다. 적게는 5~6명에서 많게는 40여 명까지 순장을 당했다. 가야뿐 아니라 초기 고조선과 고구려, 신라에 이르기까지 일반적인 풍습이다. 고대 오리엔트 지방이나 그리스, 중국, 일본 등에도 흔한 사실이다.

순장!

사람이 죽었을 때 살아 있는 사람이 같이 묻히는 일이다. 스스로 목숨을 끊기도 하지만 강제로 묻히는 경우가 대부분이다. 어느 세상인들, 어느 누구인들 죽음 앞에 두렵지 않은 자 있을까. 통치자나 남편이 죽었을 때 원하지 않아도 신하나 아내가 죽어 같이 묻혀야 했다. 지배층에게 생사여탈권을 장악당한 피지배층의 낮은 사회적 지위 때문이다. 지배층은 죽어서도 살아서와 같은 생활을 누려야 한다는 믿음 때문에 사후세계에 필요한 일꾼이나 시종, 호위무사, 첩이나 신하들이 죽임을 당했다. 정말 고대사회에서만 가능한 일이었을까.

순장 모습이 각양각색이다. 혼자 반듯하게 누워있는 사람도 있고, 어떤 묘는 자매가 나란히 누워있기도 하고, 부부가 서로 머리를 반대편으로 두고 외출에서 돌아와 쉬듯 누워있기도 했다. 안타깝게도 어린 딸을 배 위에 누이고 함께 죽은 아버지도 있다. 애처롭다. 평소 "아버지 죽으면 나도 같이 죽을 끼다! 참말이다, 참말!" 하며 응석 부리던 어린 딸의 목소리가 쟁쟁 들려오는 것 같다.

순장자가 혹시 나였으면 어떻게 했을까. 운명처럼 받아들였거나, 두려워 도망갔거나, 아니면 한 번쯤 억울함을 호소할 수나 있었을까. 무덤 속은 얼마나 어두울까. 도망을 간들 호위무사가 쫓아올 텐데 순장부에 이름을 올리고 나면 세상이 얼마나 먹구름 같았을까. 무덤 속만 무서운 게 아니다. 지배계급이 가진 칼날의 그늘에 죽어서도 피지배계급으로 살기 위해 생목숨을 바쳐야 했던 우리들의 삶이 두렵고 비참하다.

현재의 시각으로 순장의 부당성을 판단할 문제는 아니겠지만 그 의미의 해석은 아직도 유효하다. 재주가 있음에도 불구하고 사회적 제약 때문에 남편에게 필부종사한 조선의 여성들은 어떠한가. 남편이나 연인의 뒤를 따라 죽는 여인의 절개를 열녀로 칭송하였지만, 그 불평등과 불합리가 반생명적인 관습의 미덕이 될 수는 없는 일이다.

요즘의 '갑질'은 또 어떤가. 타인에 대한 착취와 억압과 무시, 그런 것들이 어쩌면 현대판 순장은 아닐까. 나의 판단과 의지를 접고 윗사람이나 조직이 시키는 대로 무조건 복종해야만 하는 상황은 아직도 현재진행형이다. 가족을 위해 모멸감도 참아내야 하고 먹고살기 위해 자존심도 견뎌야 하는 것이 현실이다. 사람 위에 사람 없고 사람 밑에 사람 없어야 하는데 상처와 멍에를 홀로 가슴에 안고 살아야 하는 일들, 억울하고 부당한 일에 아무 말도 못 하고 참아야 하는 일들이 세상에는 아직도 많다.

고분군 능선을 따라 멀리 가야의 바람이 분다. 매미의 우화羽化처럼 저 깊은 땅속의 순장자들도 오래된 고통의 침묵에서 깨어나 세상에 자유로운 영혼으로 비상하기를 기대한다. 닫힌 세상에서 벗어나 행복한 삶, 자기 삶의 주인으로 사는 세상을 향해 힘차게 건너뛰라고 위로하는 소리도 들려오는 것 같다.

　이곳에도 시차라는 게 존재하는 것일까. 삶과 죽음 앞에 무력하기만 했을 순장 무덤을 보니 그동안 잘 살아왔는지, 지금 잘살고 있는 것인지 나 자신이 먹먹해진다. 앞으로 어떻게 살아야 잘 사는 것일까. 삶 그 후를 지금 삶에 넣어보면 훨씬 삶의 폭이 넓어질 것 같다.

남강, 그곳에 가고 싶다

　물[水]은 생명의 시원이다. 강은 모든 생명체의 자궁이고 삶의 젖줄이다. 삼라만상의 존재는 곧 강의 역사며 인과다. 날고, 걷고, 헤엄치는 세상의 숨탄것들은 강이 없으면 살아갈 수 없다. 생성과 소멸, 시작과 끝, 흥興과 쇠衰의 은유며 대위다.

　강은 인간에게 어떤 의미일까? 인류의 시간도 강에서 시작하고, 강에서 숨 쉬고, 강에서 꿈꾸며, 강처럼 흘러간다. 강을 중심으로 사람들이 군집하고, 문화가 싹 트고, 역사의 발자취를 남긴다. 사람과 사람, 삶과 삶이 어우러지는 관계성의 공간이다. 삶의 출발지이자 생의 궁극이다. 언제나 묵언이지만 억겁의 언어와 무량의 소리를 품고 있다.

　가랑가랑 넘실대며 남강이 흐른다. 덕유산에서 발원한 샘물이 진주 평야에 이르러 큰 강을 이루고 낙동강으로 합류하는 서부 경남의 동맥이다. 동고서저東高西低의 우리나라 강은 대부분 동에서 서로 흐르는데, 남강은 서에서 동으로 흐르는 서출동류西出東流의 강이다. 풍요와 평안을 뜻한다고 하여 예부터 상서로운 강으로 여겼다. 이 고장에서 자라고 숨 쉬는 사람들에게는 영혼의 쉼터이자 안식처이다.

누구나 강과 더불어 산다. 삶과 죽음이 교차하면서 인간과 자연이 공존하는 곳이다. 너와 내가 하나가 되어 조화를 이루고 서로의 생명을 품고 사는 것이 강이다. 인간에게 삶의 터전이자 등가물과 같다. 목이 마르면 그냥 삼켜도 체하지 않고, 얼음 강 쩡쩡 갈라지는 소리가 강의 속울음임을 눈치채었을 때는 서로가 소통하고 있다는 증거다. 힘들고 지칠 때마다 강으로 달려가고 싶었던 이유를 내가 강이 되고서야 알 수 있었다.

수수만년을 흐르는 강의 기억이 어찌 나의 존재와 시간뿐이랴. 역사의 수레바퀴가 강둑을 굴러가고 장삼이사의 세상살이가 강나루에 걸쳐 있다. 둥둥 떠내려가는 성엣장처럼 놓쳐버린 생生은 얼마나 아팠으며, 풀리지 않는 상형문자처럼 짐 진 삶의 역경은 또 얼마나 무거웠던가. 강의 등짝에는 정인情人의 그리움이 빗살무늬로 쌓이고, 나그네 걸음마다 외로움의 예리성이 온음표로 새겨져 있다. 유유히 흐르는 남강의 깊은 물 속에는 파란만장한 세상을 온몸으로 헤치며 살아온 세월의 뼈 울음이 유적처럼 잠들어 있는 것 같다. 그런 눈으로 보면 강가에 뭉우리돌 하나, 풀 한 포기도 예사롭지 않다.

 강만이 흘러가는 것은 아니다. 존재는 강을 따라 유한하게 흐르고, 만유는 강이 되어 무한하게 흘러간다. 강물에 수제비를 뜨던 어느 아이의 조각난 시간도 흐르고, 강 건너 길손을 실어 나르던 나룻배는 한 점 공간이 되어 흐른다. 달빛 강가에 퉁소 소리도, 계곡을 떠내려온 어느 불사의 독경 소리도 강과 함께 흐른다. 세상의 희로애락이 물그림자 되어 흐르고, 사람의 일생도 아침 강가에 물안개처럼 흘러간다. 흐르는 것은 모두 강이다.

 강은 어머니의 품이다. 깨끗한 물이든 더러워진 물이든, 물빛이 다르든 물맛이 낯설든, 동에서 왔건 서에서 왔건 세상의 모든 물길을 아무런 조건 없이 거두어들인다. 고지랑물이라도, 쇠지랑물이라도, 홍수에 소쿠라진 흙탕물이 흘러 들어와도 강은 절대 내치지 않는다. 그래서 강은 곡선의 보법을 가졌고 모태의 본성을 지녔다. 누군가 찾아오는, 누군가를 위해 마련해둔 열려 있는 세계이다. 평화와 안식을 주는 마음의 보금자리이다.

 미움도 허물도 없고, 구별과 차별도 없다. 맵싸한 물바람 냄새를 품었거나 비릿한 피 냄새를 실었으면 또 어쩌랴. 온갖 것들을 침전하고 여과해서 날마다 새로워진 강은 절망조차 자정하고 정화해서 새로운 희망을 꿈꾸게 한다. 유량이 많든 적든, 흐르는 자리가 높든 낮든 언제나 그 모습 그대로다. 주어진 모양과 깊이대로, 기울어짐도 모남도 없이 평형을 유지하며 묵묵히 흘러간다. 오직 낮은 곳으로 임하고, 메마른 곳으로 찾아갈 뿐이다.

낯설고 두렵거나, 험하고 힘든 길도 마다하지 않는다. 서덜에 채이고 폭포에 멍들어도 밤낮없는 남강 칠백 리 여정을 말없이 흘러간다. 바위가 있으면 넘어가고 산이 막히면 돌아가고, 모서리는 깎이고 둥글둥글해져 깊은 강으로 흐르는 법을 안다. 죽음도, 부패도, 멈춤도 없는 강. 펄펄 뛰는 은어가 자유의 알몸으로 헤엄치는 남강은 비가 오고 바람이 불어도 그 영혼은 젖지 않는다.

강은 종교며 신神이다. 집회나 기도, 설교가 없어도 사람들이 찾아가고 경전이 없어도 삶의 심오한 해답을 얻는 곳이다. 강마다 신화나 전설들이 문패처럼 달려있고 기록되지 않은 역사는 주술사의 기운처럼 구전이 되어 전해 내려온다. 강이 없이 자연이 어떻게 완성되겠으며, 시인이 어떻게 영혼을 알겠으며, 나무와 풀들이 어떻게 꽃 피울 수 있으랴.

남강의 일출은 눈부시고 노을은 황홀하다. 뒤집힌 물방개 돌아가듯 이리 돌고 저리 돌아 진주 중심부를 관통한다. 삽상한 물바람이 낭창거리고 강둑에는 갓 맑은 푸름이 치렁하다. 헛기침 소리에도 쩍, 허공에 금이 갈 것 같은 고요다. 아마 강변을 따라 늘어선 진주성과 촉석루, 논개사당, 의암義巖 같은 역사의 숨결 앞에 숨을 죽이고 있는지도 모른다. 유등축제도 임진왜란 때 7만 백성이 모두 목숨을 잃어 남강이 피로 물들고 시체로 덮였던 진주

대첩을 추모하는 행사다.

강은 고향처럼 치유의 길을 열어준다. 처음 가본 세상 어느 곳이라 할지라도 강을 바라보면 왠지 낯설지 않고 긴장감도 풀어진다. 진심을 드러내면 지나온 어떤 잘못도 따지지 않고 묵묵히 참고 기다리며 받아줄 것만 같다. 그 강에는 사람들이 근원적으로 그리워하는 것, 바쁘게 사느라 잃어버렸던 모든 동심이 숨겨져 있다. 언제나 찾아오면 편하게 반겨주는 고향 같은 곳, 누구나 내남없이 받아주는 성전 같은 곳이다.

강에는 '빨리'라는 단어가 없다. 깊은 물 속에 잠겨 느리게 가는 시간뿐이다. 강에도 시차라는 게 있을까. 삐거덕삐거덕, 새벽 강가에 사공이 나룻배 노 젓는 소리는 강이 아니고서야 어디에서 찾아볼 수 있을까. '휴休'라는 방점을 찍고 정물 같은 강의 풍경을 지켜보는 것만으로도 숨통이 틔워진다. 내려놓을 것 내려놓아야지, 버려야 할 것 버려야지 속엣것들 강물 앞에 꺼내놓으면 "에나가?(정말이니?)" 하며 어디선가 정겨운 사투리가 들려올 것만 같다.

사람도 저마다의 강이 있다. 여울처럼 물살이 빠른 강도 있고 태고의 발걸음인 양 유유히 흐르는 강도 있을 것이다. 누구는 그 강이 빛나고 풍성하겠지만 또 누구에게는 갈천渴川처럼 단내 나는 영혼일 수도 있다. 어떤 강이 되는가는 나 자신에게 달려있다. 그 누군가에게 힘과 위로가 되는 정화수 같은 강이었는지, 아니면 피해와 상처만 주는 썩고 오염된 강은 아니었는지 모를 일이다.

긴 강을 건넜다. 돌아볼 수는 있지만, 되돌아갈 수 없는 것이 강이다. 하지만 강은 언제나 그곳에 있다. 추억의 보물창고 같은 어린 시절에도, 먼바다로 우렁차게 흘러 흑조黑潮의 물줄기를 꿈꾸던 젊은 시절에도 있었다. 새벽 강에 나와 홀로 울던 아픈 시절에도, 세상 풍파에 부대끼고 흔들리며 힘든 시기에도 변함없이 거기에 있었다. 그때마다 눈에 달라 보였던 것은 내 마음이었지 그 강이 아니었다.

물이라면 남강이 될 테다. 뙤약볕에도 뜨거워하지 않고 폭풍우에도 휘둘리지 않는 넓고 깊은 강이 되고 싶다. 여울목을 만나도 서두르지 않고 두물머리에서도 흔들리지 않는 단단한 몸으로 흘러가고 싶다. 외로운 사람을 위해 황포돛배도 띄우고 강가에 귀를 기울이면 "넌 잘될 거야!"라며 쿵쿵 뛰는 심장 소리를 들려주는 따뜻한 강이 될 테다. 살아 숨 쉬는 그 강으로 가고 싶다.

둘레길을 걸으며

　메숲진 초록이다. 울울창창한 나무들 잎새 사이로 황금빛 햇살이 눈 부시다. 이름 모를 산 꽃들 정채롭게 피어나고 자기가 자라고 싶은 대로 자란 방초들 무성하다. 새들은 숨바꼭질하듯 나뭇가지를 오르내리며 제가 가진 목소리로, 제 기량껏 맑게 지저귄다. 태고의 아침처럼 고요한 정적에 잠든 골짜기에 산간수마저 숨을 죽여 청처짐하게 흐른다. 살짝 고개를 돌리면 곳곳에 생명이란 온갖 존재들이 감춰진 보물처럼 숨겨져 있을 것 같다. 온 산이 푸른 숨결과 무르익은 향기로 풍요롭다. 청량한 바람 한 줄기가 잠자리 날갯짓하듯 목덜미를 훑고 지나간다.
　지리산 둘레길이었다. 인월에서 금계까지, 옛 고갯길 등구재를 중심으로 지리산 주 능선을 조망하면서 자연과 마을과 문화를 가깝게 접할 수 있는 곳이다. 강물 따라 둑길을 걷다 보면 멀리서 탈탈대는 경운기 소리마저 정겹게 들려온다. 어느새 산자락에는 다랑논이 넓게 펼쳐지고 콩깍지 같은 산골 마을이 신기루처럼 모습을 드러낸다. 전망 좋은 길목에 앉아 산나물비빔밥 한 그릇이 산의 온기와 향훈을 온몸으로 섭취한 것 같다. 수림이 잘 조성된 임도를 지나 실지렁이 같은 숲길로 들어서면 세상 근심 다 내려놓고 길 따라 걷는 나그네가 된다.

보폭과 걸음을 산새 소리에 숨죽이며 조심스럽게 걸어본다. 발바닥으로 전해오는 땅의 감촉이 부드럽고 옹골차다. 언틀먼틀한 돌너덜길의 균형감과 부드러운 부엽토의 탄력감이 더없이 경쾌하다. 숲길은 마음을 편안하고 정갈하게 만든다. 속도와 효율을 위한 직선이 아니라 재미와 과정이 있는 곡선이다. 서고 싶을 때 서고, 가고 싶을 때 가는 자유로운 길이다. 뒤를 돌아보며 놀다가 천천히 가도 되는 여유로운 길이다.

오랜 친구와의 동행이었다. 말은 없어도 눈빛과 마음으로 교감하고 서로의 삶을 옹호하는 그런 친구다. 격식을 차리느라 눈치 보지도 않고, 도움을 준 것에 고맙다는 소리를 기대하지도 않는 막역하고 홀연한 사이이다. 빠르게 가려면 혼자 가고, 멀리 가려면 같이 가라고 했던가. 운동 아닌 산책으로 나선 길, 빨리 걷자고 재촉만 하지 않는다면 산을 닮은 친구 한 명쯤 같이 걷는다고 나쁘지는 않을 것 같다.

앞서거니 뒤서거니 서로를 격려하며 깔딱 고개를 힘들게 넘어서자 길섶에 너럭바위가 있다. 산세와 마을이 한눈에 굽어 보이는 곳이다. 아주 먼 옛날에도 모두 여기서 쉬어갔을 테다. 가쁜 숨도 고르고 땀도 식히며 저 멀리 목적지까지 남은 발길을 눈어림으로 짐작했을 것이다. 갈까마귀 무리가 눈앞에 날아오르고, 사람 구분도 못 하는 다람쥐는 발아래 넘나들고, 산안개 머물다 간 숲속은 개벽의 아침처럼 청량했으리라. 또 다른 길들이 사방으로 갈라져 미지의 세계로 끝없이 이어져 있다. 길이란 본디 존재의 궤적이 아니겠는가. 사는 일 또한 허공에 길을 내는 자기만의 노정일 것이다.

산기슭마다 소나무와 전나무들이 하늘을 향해 군락을 이루고 층층나무, 때죽나무, 신갈나무 같은 활엽수들도 저마다 자기 자리에 문패를 내걸고 있다. 박새, 쇠딱따구리, 촉새들도 산을 더욱 충만하게 만드는 주연이다. 나무가 내뿜는 청향이 산바람을 타고 코끝을 스쳐 간다. 눈을 지그시 감고 깊게 숨을 들이마신다. 가슴이 먼저 넓혀지자 자연스럽게 어깨와 등이 펴지고 허리가 똑바로 세워진다. 기운이 나고 정신이 맑아진다. 각다분한 도시 생활에 온갖 얼룩과 때가 씻겨나가는 기분이다.

천하 비경이 되어야만 아름다운 자연이 아닐 것이다. 보는 눈만 있으면 작은 계곡물에서도 세상 이치를 깨달을 수 있고, 나지막한 언덕 하나만 올라 보아도 삶의 역경을 느낄 수 있다. 사람들만이 예쁘다 밉다, 좋다 나쁘다, 귀하다 천하다며 우열과 호오를 매기려 할 뿐이지 자연의 모든 것들은 자신만의 가치와 의미와 이유를 제각기 품고 태어난다. 버릴 것도 없고, 불필요한 것도 없고, 차별될 것도 없다. 흔한 풀 한 포기에서도, 흔한 벌레 한 마리에서도 그 생명과 생존의 과정은 귀하고 중하다. 자연 앞에서는 세상 누구의 삶도 공평하고 평등하다고 생각하니 마음이 한결 평온해지는 것 같다.

자연은 모든 인간의 최종적 거처, 궁극적 본향이다. 붙박이로 살아가는 나무는 고향처럼 사람들에게 희망과 안식을 주는 신비의 생명체이다. 숲에는 사람들이 그리워하는 것, 잃어버렸던 모든 것들이 숨겨져 있다. 땅 위의 모든 것을, 하늘 아래 모든 것을 품어 안으며 사는 산처럼 자연 그대로의 관대함과 의연함을 갖고 살아갔으면 좋겠다. 자연을 가꾸고 지킨다는 것은 우리 삶의 터전을 더욱 복되게 하는 일이라는 생각이 든다.

인디언들은 자신이 힘들고 지치면 숲속으로 들어가 나무에 등을 기대고 기운을 차린다고 한다. 자연 그대로의 순리처럼 손은 농부고 마음은 시인이 되어 넉넉하고 흠결 없는 삶의 유열을 느끼며 살았으면 한다. 산에 왔으니 친구에게도 인디언처럼 자연식 이름을 하나 지어주고 싶다. '소나무 숲속의 바람'이라면 어떨까. 친구가 배낭에서 시퍼런 오이 하나를 꺼낸다. 향긋한 내음과 싱싱한 생즙이 입안에 가득 담긴다.

금속활자, 어둠에서 깨어나다

"이건 조약돌이 아니라 금속활자입니다!"

유적발굴단이 흥분해서 외친 말이다. 서울 종로 피맛골 재개발 현장에서 조선 전기 금속활자가 쏟아졌다. 땅속 깊이 묻혀서 구석진 곳, 깨진 항아리 속에서 오랜 시간여행을 마치고 어둠에서 깨어났다. 한글 600여 자, 한자 1,000여 자의 금속활자가 이물질과 뒤섞여 보석같이 반짝거렸다. 현존하는 가장 오래된 한글 금속활자로서 앞으로 세계사를 바꿀 정도의 유물이다.

시간의 지문들이 첩첩이 쌓였다. 흑요석 빛깔의 손톱만 한 몸피가 날개를 달고 허공을 날아오른다. 활자活字는 살아 있는 글자다. 6백여 년 전 글의 형태소와 문체가 시공을 넘나들 듯 오롯이 새겨져 있다. '가갸거겨' 학동들 글 읽는 소리 들리고, 지혜의 푸른 서기 선비님들 환생하는 것 같다. 영혼은 잠들지 않고 침묵할 뿐, 홀로이 어둠을 견뎌온 금속활자를 보니 그 속살마다 역사가 살아 숨 쉰다.

활자마다 뜻과 소리를 품었다. 한 줌 손안에 집으면 낱말이 되고 문장이 되어 세상을 환하게 비추는 문명의 햇살이 된다. 힘을 준 획순 하나하나마다 조선의 의지와 사상이 익고 익어 발효된 쇳내가 시퍼렇다. 흰 두루마기 펄럭이는 서권기, 정감 묻은 시가詩歌의 향취가 시간 밖의 시간으로 흐른다. 그 단단한 쇠붙이 안에도 다양한 서체와 여러 폰트가 섞였다. 문면을 훑는 동안 어느 필경사와 장인의 영혼이 도드라진다.

쇠는 강하다. 칼과 창이 되고, 낫이나 호미가 당연한 줄 알았는데 활자가 된 게 신기한 일이다. 무武나 경經이 아닌 문文이다. 펄펄 끓는 쇳물을 부어 이번에는 향기로운 꽃으로 피어난 셈이다. 하긴 붓은 칼보다 강하다고 하지 않았던가. 글자마다 날개 짓는 점과 획을 끌어안고 삼엽충 화석처럼 굳었다. 덧칠한 검정 크레파스를 조심스럽게 긁어낸 그라타주처럼 글씨체의 잎맥이 오련하게 드러난다.

금속활자를 왜 만들었을까? 인간은 생각하는 동물이다. 신의 계시와 인간의 영혼이 늘 가슴속에 존재한다. 생각은 기록으로 남겨지고, 다른 사람에게 전달하고 싶은 욕망이 일어난다. 바위나 동굴에 표시한 기호나 그림으로는 미약하다. 구술을 받아적거나, 밤새 다시 베껴 쓰는 필사 작업도 만백성을 상대로는 역부족이다. 더 많은 양을, 더 많은 사람에게 전하고 싶다.

흙이나 나무로 활자를 만들었으나 견고하지 못하고, 목판처럼 고정된 판의 새김은 그 인쇄가 한 문헌으로 국한되어 불편하고 비효율적이다. 한 벌의 활자를 만들어 오래 잘 간직하면서 필요한 책을 수시로 손쉽게 찍어내는 방법은 단단한 금속활자밖에 없었다. 라이프 잡지가 지난 천 년간 인간의 시간 중 가장 역사적인 사건으로 금속활자 발명을 1위로 선정한 것이 결코 우연이 아니다. 금속활자가 없었다면 르네상스도 없고 발전된 현대문명도 결코 이룰 수 없었을 것이다.

금속활자의 본적지는 대장간이 아니라 주자소다. 주자소라고 풀무나 화덕이 왜 없었으랴. 벌겋게 달아올라 꿈틀거리는 쇳물이 용암처럼 흘러 제 획과 순을 파고들었다. 뜨거운 불과 강한 쇠를 다루어 정교한 활자를 만들려면 얼마나 오랜 경륜과 기술이 필요했을까 싶다. 그리스 대장장이의 신 '헤파이스토스'도 워낙 손재간이 좋아서 눈에 보이지 않는 그물까지 만들었다고 하지 않았던가. 누구보다 나라의 문화와 철학을 만든다는 자긍심이 대단했을 것 같다.

그들이 만든 땀의 결정체가 바로 세계 최초의 금속활자이다. 구텐베르크 〈42행 성서〉보다 78년 빠른 일이다. 유네스코 세계기록유산으로 등재된 고려시대 직지심체요절이다. 청주 흥덕사에서 1377년 찍어낸 금속활자본으로 책 속에 주자인시(금속을 녹여 만든 활자)라고 표기되어 있다. 더구나 고려 말에 인쇄된 〈상정예문〉이 발견된다면 200년 이상 앞선 것이 증명될 수도 있다. 금속활자 인쇄술은 오랜 시간에 걸쳐 기술이 축적되고 전승되면서 발전하는 고도의 기술이다. 고려의 금속활자가 대륙을 가로지르는 초원의 길을 통해 유럽과 독일에 전파되었는지도 모를 일이다.

자치통감에 이 활자로 실물 찍은 것도 확인이 되었다. 그런데 관청에서 주조되던 이 귀한 조선 초기의 금속활자가 왜 민간창고의 항아리 안에서 발견되었을까? 한양 도성의 운종가라면 많은 사람이 구름처럼 모여드는 시장 상인들의 거리였다. 후에 인쇄출판이 민간에서도 생겨나면서 활자가 이양된 것인지, 임진왜란 때 금속활자 주조시설이 대량 파괴되거나 약탈당하여 급히 관청에서 꺼내 숨기느라 그랬는지도 모를 일이다. 관심이 있는 한 역사는 오늘처럼 언제나 살아 있다.

일찍이 한반도에서 철기문화가 발달했기 때문만은 아니었을 것이다. 우리 민족이 문화에 대한 높은 관심이 있었고, 그에 상응하는 통치자들의 애민 사상과 한글 사랑이 있었기에 가능한 일이었다. 가능한 많은 사람에게 지식공유와 글자를 읽게 하려는 노력이 금속활자 발명으로 이어졌다. 특히 세종 때 갑인자는 활자의 네모를 평평하고 바르게 하고 인판도 정교하고 튼튼하게 만들었다. 밀랍을 전혀 쓰지 않고 대나무로 빈틈을 메워 조립식으로 판을 짜서 인쇄하는 단계로 인쇄술의 절정을 이루었다고 한다.

책 읽는 소리가 세상에서 가장 듣기 좋은 소리라 했다. 예부터 '꽃향기는 백 리를 가고, 술향기는 천 리, 사람 향기는 만 리를 간다.'라는 말이 있다. 인향人香의 싹은 책향冊香에서 나온다. 저 금속활자가 사람을 키웠다. 물리고 버릴 것 분별하고, 지키고 이루고 되살릴 것 잊지 않고, 부끄러운 세상 비우고 비워 상궤常軌를 벗어나지 않으려는 저 꼿꼿한 선비정신의 노둣돌이 되었다.

집 안에 있는 몇 권 고서적을 꺼내 본다. 치자 물들인 황색 표지에 명주실로 꿰맨 제책을 보자 고본상의 문자향이 느껴진다. 붓으로 쓴 필사본도 있지만, 광곽匡郭과 계선界線이 그려진 활자본이 유달리 눈에 선명하다. 우려하면서도 굵고 듬직한 금속 활자체에 늘품한 철향鐵香이 스며있다.

돌무지로 잠든 마지막 왕의 슬픔

왕의 묘지가 왜 돌무덤일까?

생경하면서도 의아심이 발동한다. 이집트 피라미드처럼 웅장하고 정교한 석능도 아니다. 돌덩이 크기도 일정하지 않고, 모양도 각양각색이고, 다듬지도 않아 길쭉하거나 울퉁불퉁하다. 마치 먼 옛날 덩치 큰 거인이 심심풀이로 던져놓은 듯 산에 흩어진 잡석 그대로 투박하게 쌓은 돌무지이다. 그래도 금관가야의 마지막 왕인 구형왕의 무덤으로 전해지고 있으니 엄연히 왕릉이라고 불러야 하지 않을까.

지리산의 동부 자락에 있는 왕등재, 재를 둘러싸고 있는 성터, 그리고 왕산과 왕산 골짜기에 구형왕릉이라는 전설이 있는 돌무덤이 주인공이다. 방형의 돌무덤은 전면에 7단의 석축을 쌓았으나 후면은 산의 등사 각에 따라갈수록 층수가 줄어든다. 둘레에는 같은 종류의 돌들로 담을 쌓았다. 석렬은 전면에서조차 직선이 아닌 곡선을 이루고 있으며 모퉁이도 뚜렷하지 않다. 석조무덤의 전체 높이는 7.15m로 비탈에 층간을 쌓고 그 위에 둥글게 석조 봉분을 올린 형태이다.

현재 사적 214호로 지정이 되어 있는 구형왕릉은 능 중간에 커다란 돌을 이용해 만든 구멍이 있다. 이 구멍은 가로, 세로 40센티에 깊이가 68센티인 감실이라는 것이다. 이 감실의 용도는 신주를 모시거나 등잔을 두기 위한 것으로 추정된다. 아마 이 등잔이 현재 능 앞에 조성된 장명등의 역할을 했을 것이다. 이곳을 후손들은 '양왕의 영혼이 쉬어가는 곳'이라 하여서 신성시하고 있다.

재미있는 설화도 있다. 이 구형왕릉은 신성한 곳이기 때문에 능의 위로는 새가 날거나 똥을 싸지 않으며 나뭇잎도 떨어지지 않고, 땅 아래로는 나무뿌리와 심지어는 칡넝쿨도 뻗지 못한다고 한다. 그래서인지 무덤이 나무가 울창한 숲속에 있으면서도 미리 청소라도 해둔 것처럼 깨끗하게 보인다.

능의 입구는 홍살문으로 하고 중간에 솟을삼문을 내었다. 계곡으로 흐르는 물소리를 귓전에 들으며 두 개의 무지개다리를 지나면 왕릉을 지키는 '호능각'이 있다. 일각문을 들어서면 누각이 있고 그 안으로 들어가면 왕릉을 만난다.

왜 김해에서 먼 산골짜기 이곳일까?

삼국유사 가락국기에 의하면 가락국의 영토는 "동으로 황산강이오, 서남으로 창해에 이르고, 서북으로 지리산 끝까지를, 동북으로 가야산을 경계로 두고 국호를 대가락이라 하였다."라고 되어 있다.

왕릉 언덕 오르기 전 산 아래에 '덕양전'이라는 큰 건물이 있다. 현재는 구형왕과 계화 왕비의 위패를 모시고 김해김씨 문중에서 춘추향례와 삭망향화를 드리는 사당이다. 덕양전에 축소 복원해 놓은 수정궁水晶宮은 가락국 시조 김수로왕이 지어 놓은 별궁으로 구형왕이 금관가야를 신라에 선양하고 이곳 왕산 수정궁에서 4년여 여생을 보낸 궁궐이다. 그래서 가까운 왕산 골짜기에 묘를 썼으리라 유추해본다.

그렇다고 봉토할 만한 여력도 없었을까?

다른 가야지역처럼 거대한 봉분은 아닐지라도 가야의 왕족과 귀족의 고분이 그러하듯 원형의 적토 분묘가 마땅하지 않았을까. 무에 그리 급해서 준비도 없고, 계획도 없이 돌덩이를 무더기로 쌓아 올렸을까. 아쉽게도 기록이 없다.

산청은 원래 돌이 많은 곳이긴 하다. 산청에서 나오는 수석을 최고로 치는 것도 이런 연유에서이다. 지리산에서 내려오는 엄천강은 섬진강의 모래강변과 달리 바위와 뭉우리돌로 된 강이다. 여름날 홍수가 일어나 강이 뒤집히고 나면 강가에 수석을 채취하는 사람들이 많다.

적어도 왕의 무덤인데 편의를 위해 돌이 많아 돌무덤을 하지는 않았을 것 같다. 491년 동안 이어져 온 가락국을 패망하게 한, 나라와 백성을 지키지 못한 죄책감에 스스로 돌무덤을 쌓게 한 것은 아닐까. 주변 경관은 산자수명하나 거대한 돌무덤에서 풍기는 적막과 고요가 역사에서 구형왕 홀로 내쳐진 것 같아 쓸쓸함이 이를 데 없다.

전하는 말에 의하면 신라의 김유신 장군이 자신의 증조부인 구형왕의 능을 찾아 이곳에서 7년이나 능침 곁에서 시능살이를 하며 활쏘기 연습을 했다고 한다. 아마도 자신의 조국이자 할아버지인 가락국의 마지막 왕의 서글픈 죽음을 누구보다도 마음 아파했을 것이다.

석조 능침 앞에는 '가락국 양왕릉'이라고 새긴 비석과 양편에 문무인석 그리고 상석과 장명등, 사자석이 있다. '양왕讓王'이라는 이름은 구형왕이 신라의 침공을 받았을 때 백성의 목숨을 건사하기 위해 싸우지 않고 나라를 선양한 데서 붙여진 이름이라고 한다.

군사와 백성의 안위를 위해 신라에 나라를 바친 구형왕. 왕권중심사회에서, 오직 충성만을 강요당하는 시대에 나라보다 백성의 목숨이 그만큼 중요했을까. 물론 처음부터 순순히 넘겨줄 마음은 없었을 것이다. 조그만 가능성이라도 있었다면 단지 전쟁을 피할 생각에 항복하지도 않았을 것 같다. 하지만 막강한 신라의 군사력에 저항해봐야 결국 죽음밖에 없을 것이라는 현실적인 고육지책을 선택했을 때 왕의 심정은 어떠하고, 백성들은 또 어떤 마음으로 받아들였을까.

아직도 세상은 지역 간, 민족 간, 국가 간 호시탐탐 갈등이 꿈틀대고 분쟁을 조장한다. 정치인들은 여전히 지역감정과 좌우 편 가르기를 부추기며 자신의 정치적 목적을 위해 대립의 날을 세운다. 세계 곳곳에서는 국가주의와 민족주의를 앞세워 그들의 이해관계대로 분쟁을 일으킨다. 그 정치적 이유와 의미가 과연 그들의 말대로 진정 백성의 안위와 행복을 위해서라고 방점을 찍을 수 있었는지 모르겠다.

1천500여 년 이전의 시대에 구형왕의 우국 애민 정신을 보며 오늘날 우리의 현실도 한 번쯤 되돌아본다. 민족통일과 정치이념, 국가발전과 인간 존엄의 상반된 가치처럼 국익과 개인의 삶이 대립한다면 무엇이 우선이 되어야 할까. 21세기 세계의 이념은 '차이를 극복한 통합'이 아니라 '차이를 인정하고 수용하는 공존'은 또 어떨까.

미국의 레이건 대통령이 유엔에서 아이러니한 연설을 한 적이 있다. 우주의 외계인이 지구에 쳐들어오면 지구상의 민족들 간에, 국가 간의 모든 분쟁이 일시에 사라질 것이라고 역설했다. 우스갯소리 같지만, 인간의 역사를 보면 한 번쯤 고개가 끄떡여지는 말이다. 전쟁이 참혹하다는 것은 알지만 국가와 민족, 이념을 이유로 인간의 역사는 얼마나 끝없는 분쟁을 일으켜왔는지, 과연 진정한 평화라는 단어는 있을 수 있는 것인지 알 길이 없다.

왕릉이 주는 화려함이나 장엄함은 없다. 오히려 보는 이로 하여금 우울한 무게감에 싸여 스스로 침묵하게 만든다. 사뭇 황량하고 을씨년스럽기도 하다. 그 돌무더기마다 마른 이끼가 버석거려 역사의 아픔이 세월 속에 묻어난다. 돌아서는 마음이 왕릉을 참관한 자부심이나 뿌듯함이 아니라 애처롭고 안타까운 심정이다. 가락국의 마지막 왕이어서일까? 돌무덤 때문이어서일까?

전 구형왕릉의 전(傳)자는 입증된 것이 아니라 구전되어 내려오는 이야기라는 뜻이다. 신화나 전설이라고 해서 인과관계가 없는 것은 아니다. 입증되지 않았다는 것이 능을 더욱더 신비롭고 궁금증을 불러일으킨다. 돌무덤 속에 우리가 알지 못하는 또 다른 역사가 숨겨져 있을지도 모른다.

전설이나 역사적으로 확실하지 않다면 지나가는 길손도 혼자만의 이야기를 엮어보는 것도 여행의 재미가 아닐까 싶다. 이런 것은 어떨까. 구형왕은 신라의 침공에 맞서 지리적으로 유리한 지리산 자락으로 들어가 게릴라전을 생각했다. 실제로 지리산 마천 등구사에는 구형왕이 신라군에게 쫓겨 이곳에 굴을 파고 피신했다는 전설이 있다. 쫓기고 쫓기다 왕산 골짜기에서 신라와 마지막 전투를 벌이다가 결국 막다른 지경에 몰려 장엄한 전사를 했다. 쫓기는 처지인 부하들이 미처 시신을 거둘 형편이 못 되어 주변에 흔한 돌을 주워 와서 급히 무덤을 만들었다. 왕릉의 맞은 편 골짜기 바위 네모난 석장 속에도 김해김씨 족보라기보다는 구형왕의 갑옷이나 검 등을 감춰두지 않았을까 상상 속에 빠져 본다.

주변에 김유신 사대 비는 김유신 장군이 활을 쏜 곳이라는 비석이고 유의태 약수터는 김수로왕 당시 약물통이라 불렸던 곳이다. 왕산사 터와 수정궁 터가 초목에 묻혀 아무 말 없이 옛 영화를 품고 있다.

숲을 찾는 사람들

　청량하고 잔풍한 날씨다. 깊은 산 하나를 뚝 떼어 평편하게 펼쳐놓은 것처럼 울울창창한 숲으로 조성된 공원에 들어선다. 머리 위에 수많은 잎새가 흔들릴 때마다 투명한 햇살이 구불구불 내려와 목덜미를 간질인다. 번지 없는 나무들 사이로 가을빛에 젖은 건들마가 건들건들 지나간다. 나뭇가지를 넘나들며 숨바꼭질하던 새들이 등고선 같은 바람 물결을 타고 포르릉 하늘로 날아오른다. 그리움에 눈 감고 있던 꽃무릇들도 흠칫 놀라 선홍빛 고개를 치켜든다. 물레방아가 쏟아놓은 개울물이 숲속 산책길과 동무하며 청처짐하게 흘러내린다. 경계 없는 다람쥐는 지척에서 넘나들고 얼핏얼핏 하늘 틈새로 보이는 뭉게구름이 징검다리 놓듯 앞장서서 길을 만든다. 세상의 모든 말과 귀와 손들이 잠시 묵음 처리된 평온이다.

　경남 함양 읍내에 있는 '상림上林'이란 천년의 숲이다. 통일신라 말에 조성된 우리나라 최초의 인공림으로서 마을로 범람하는 홍수를 막기 위해 심어진 방천숲이다. 둑을 따라 길이 1.6km, 폭 200M의 기다란 부지에 116종의 다양한 나무가 어우러져 자리 잡고 있다. 상림은 최치원이 금으로 만든 호미로 하루 만에 일궈냈다는 전설을 가진 7만여 평의 면적의 숲으로 생태학적으로나 역사적으로도 큰 가치를 가진 곳이다.

　실지렁이 같은 오솔길로 들어선다. 나무가 내뿜는 청향과 발아래 들큼한 꽃향이 코끝을 스쳐 간다. 눈을 지그시 감고 깊게 숨을 들이마신다. 가슴이 먼저 넓혀지자 자연히 어깨와 등이 펴지고 허리가 똑바로 세워진다. 기운이 나고 정신이 맑아진다. 각다분한 도시 생활에 쌓였던 온갖 얼룩과 때가 씻겨나가는 기분이다. 낯선 거리를 헤매다 집에 돌아온 것처럼 자연이 주는 편안함과 위로감이 찾아온다. 도시와 함께하는 숲은 사막의 오아시스 같다.

　잘 닦인 아스팔트 길보다 걷는 운치가 있는 울퉁불퉁한 숲길이다. 뒤돌아볼 새도 없고 멈출 수도 없는 직진의 빠른 길이 아니라 구불구불한 느린 길이다. 속도보다 여유이고, 편리보다 재미이다. 바쁘다며 놓치고 살아온 것들을 다시 제자리로 찾아주는 마법과 같은 숲이다. 나에게도 어린 시절이 있었다는 것을 깨닫게

해주고 아주 오래된 약속들도 기억을 되살려준다. 흐늘흐늘 나무 그림자 흔들리는 숲속을 거닐다 보면 평소에 느끼지 못한 사색과 사유들을 만난다.

도심지 빌딩 속의 시간은 어제와 오늘, 내일이 언제나 같을 뿐이다. 계절의 변화는 자연에서만 가능한 일이다. 다양한 나무가 어우러져 사는 숲은 천년만년의 세월만큼 나무마다 고본상 같은 연륜과 무게감이 느껴진다. 봄이면 만물이 소생하는 연둣빛 새순을, 여름에는 짙푸른 녹음과 정겨운 매미울음을, 가을에는 황홀한 단풍과 낙엽 지는 그리움을, 겨울에는 가지마다 피어난 눈꽃의 절경을 선사한다. 삶의 희로애락이 있을 때마다 함께했던 숲에는 우리들의 시간과 냄새와 풍경이 고스란히 배여 있다.

숲은 세상의 모든 것들을 받아준다. 손님도 주인도 없고, 우등과 열등도 없이 모두 귀한 존재들이 된다. 힘든 노동에 지친 생명을 품 안에 거두듯 둥지를 내어주고 휴식과 활력을 찾게 해준다. 숲속을 걸으면 머릿속이 맑아져 인간의 창의력과 기억력이 크게 향상된다는 것도 널리 알려진 사실이다. 숲에서는 모든 것을 내려놓게 된다. 탐욕과 허세도, 미움과 질투도 저 멀리 있다. 오직 자연 앞에 마주한 인간의 참모습으로 나를 정화한다. 정서 함양은 물론 자기성찰의 장소가 된다. 숲이 가진 관대함과 넉넉함 때문이다.

원래 인간의 삶은 자연과 경계가 없이 하나의 세상이고 세계였다. 자연 속에서 삶이 이루어지고, 정복 대상이 아니라 서로에게 필요한 한 몸의 유기체가 되어 그 생명력을 유지해올 수 있었다. 산이며, 물이며, 나무며 무엇 하나 함부로 대하는 경우는 없어서 언제나 경외와 감사의 마음이 앞서있었다. 겨울에 땔감을 한 짐 부리면 알 듯 모를 듯 주문 같은 것을 외우고, 마을에 큰 고목이라도 있으면 외면하고 그냥 지나치는 법이 없었다. 그런 정성스러운 마음들이 단순히 신앙적이고 주술적인 의미로 끝나지 않고 자연보호와 환경보존으로 연결되었더라면 얼마나 좋았을까? 지구 곳곳에 무분별한 환경오염과 환경파괴로 온 세계가 전에 없던 큰 자연재해를 겪고 있는 것이 현실이다.

'세계 문명은 숲이 풍부한 지역에서 번성해 숲의 소멸과 함께 종말을 고했다.'라는 원생 지대 탐험가 존 펄린이 〈숲의 서사시〉에서 한 말이다. 아무리 과학이 발전하고 생활이 도시화한다 해도 자연과 공존하지 않는 인간의 삶은 있을 수 없다. 그 중심에 숲이 있다. 숲은 자연생태계의 근간이며 나무들이 많아야 모든 생명체의 존재가 가능한 일이다. 도시화와 지구온난화가 가속화되면서 '도시의 허파'로 불리는 도시 숲의 중요성도 부각되고 있다. 대기 정화와 온실가스 흡수, 열섬 완화 등 인간에게 미치는 환경 가치는 무엇과도 바꿀 수 없는 소중한 일이다.

폐 질환으로 갑자기 돌아가신 아버지. 아파트 단지 가까운 곳에 울창한 수림의 숲 공원이 있었지만 한 번도 찾지를 않으셨다.

생활에 바쁘고, 나이 들어도 해보고 싶은 일이 많다는 욕심 때문에 사람 북적거리는 도심지만 선호하셨다. 심신 건강을 위해 숲 산책을 권유하였지만, 나중에 한가해지면 하겠다고 매번 핑계를 대셨다. 자연을 통해 마음의 여유와 휴식을 일찍이 찾았더라면 건강한 몸으로 더 오래 사시지 않았을까 아쉬운 마음뿐이다.

숲은 사람들의 몸과 마음을 치유하고 희망과 용기를 주는 신비의 생명체이다. 숲의 날숨이 인간의 들숨이 되고 인간의 날숨이 숲의 들숨이 되어 내 집 같은 안식처, 자연에 안길수록 결핍은 해소되고 내 삶의 충만감은 커지게 된다. 숲은 인류의 고향이고, 어머니 품이고, 내 마음의 수호자 같은 곳이다.

숲은 하루아침에 만들어지는 것이 아니다. 오랜 세월을 거쳐 누군가가 심고 정성을 들여서 이루어진 결과물이다. 자연 친화적인 기업이나 환경을 이해하고 보호하는 일들은 모두 자연을 사랑하는 사람들이다. "자연은 선조로부터 물려받는 것이 아니라 후손으로부터 빌려 쓰는 것이다."라는 케냐의 속담이 새삼스럽게 다가온다.

여백이 머무는 정자亭子

간이역 같은 여백이다. '빨리'란 낱말이 낯설어지고, 째깍거리는 시간도 여기에서는 느려질 것만 같다. 오케스트라 지휘자의 손이 잠시 멈추고 흘러내린 머리를 쓸어올리는 정적 같은 것, 가마솥의 밥이 끓어 장작을 꺼내고 뜸을 들이는 시간 같은 것, 떠들썩한 목소리 대신 잔잔한 미소 같은 것, 그래서 여백은 한옥의 툇마루나 음악의 정가正歌 같은 여유가 아닐까 한다. 채우기보다 비워서 나는 소리, 단선율의 수평적 음악인 정가를 듣고 있으면 들리는 소리보다 마음을 내려놓은 상태인 나를 들여다보게 된다.

여백에는 멈춤과 쉼표가 있다. 법정 스님의 '텅 빈 충만'이고, 사람과 사람 사이에 적당한 간격이다. 화폭에서 황금분할의 숨겨둔 공간이고, 어깨 힘을 뺀 간이한 행서체 같은 글씨다. 채마밭 가장자리에 잡초들 자리 잡은 빈터이고, 둥지 속의 어린 새들이 먹이를 기다리는 허공이면 어떠랴. 조급하지 않고 서두르지 않아야 한다. 빠르게 가는 직선이 아니라 천천히 둘러 가는 곡선이어야 가능하다. 서늘한 바람 따라 먹과녁 같은 초행길 가듯 걷다 보면 산수 좋은 곳에 만나는 정자亭子가 하나 있다.

경북 예천의 초간정草澗亭이다. 계곡물이 흐르는 높은 언덕 위에 학 같은 고고한 자태로 사뿐히 내려앉았다. 푸른 이끼 낀 돌담을 전설 삼아 시간의 수인처럼 홀로 세월을 지키고 있다. 고적하면서도 우아한 팔작지붕의 정자와 울창한 노거송, 기묘한 바위들로 둘러싸여 마치 기승전결이 완벽한 수묵화 한 편을 보는 것 같다. 시절 좋은 사극의 한 장면 속에 들어와 있는 것처럼 시공을 초월한 주변의 풍광이 느린 여백들로 넘쳐난다.

이곳에도 시차라는 게 존재하는 것일까. 계곡을 타고 흘러내리는 싯푸른 물소리가 이 세상 반대편에서 온 마른 가슴을 찬찬히 적셔준다. 일렁이는 잎새 사이로 햇살이 반짝이고 습자지처럼 투명해진 맑은 공기가 온몸으로 파고든다. 종종거리며 살아내느라 턱까지 차오른 숨결이 어느새 제 호흡법을 찾아 잘 여문 옥수수처럼 가지런해진다. 여백이 키워놓은 정자의 운치와 기품이 볼수록 청정하고 웅숭깊다.

산다는 게 쉬운 일이 아니다. 나 자신보다 주변을 위해서 똑바로 서 있어야만 했던 날들이 많았다. 인간의 삶은 끝없는 사막의 길을 걸어가는 낙타와 같다. 길에 묶인 생은 차갑고 가파르기만 하다. 죽음이 길을 가로막을 때까지 신기루 같은 삶을 걷고 또 걸어가야만 한다. 채우면 그만두리라 다짐하지만, 욕심은 누구에게도 가득 차는 법은 없다. 바쁘지만 왜 바쁜지, 일에 대한 의욕은 넘쳐나지만 무엇을 위해 자신을 불태우는지는 오래전에 망각하고 산다.

정신적 여백과 마음의 여유가 없는 삶이었다. 편리함에 길들어진 현대인의 문명화된 삶은 속도만 중요할 뿐 방향을 잃고 말았다. 어디로 가는지, 왜 사는지 삶에 대한 물음도, 자신의 존재도 잊어버렸다. 감사하다는 생각, 미안하다는 표현도 사라지고 사랑과 의리, 낭만 같은 단어들도 고전이 되어버렸다, 주변의 냄새와 소리에 귀를 닫고 스마트폰과 디지털 기기에 의존할수록 자꾸만 메말라가는 영혼이 두렵기만 하다.

정자의 길목에 조심스럽게 들어선다. 잠시 머물고 갈 자리인데도 냉큼 안부 같은 그늘 한 장 깔아준다. 반가움에 "와~" 하는 감탄사를 내뱉으며 계자 난간에 슬쩍 궁둥이를 붙여본다. 대청마루에 선조들의 따스한 체온이 그대로인 듯 기둥 위 누마루에서 보는 바깥도 온전한 풍경이다. 시끌벅적한 세상 소음들이 역사의 무게감에 잠시 정지된 듯 주위는 고요하다. 산새의 날갯짓도 정靜의 소리고 몸짓이다.

먼저 반기는 것이 바람이다. 마음은 자유로운 새를 닮고 몸은 늘 푸른 청송으로 태어난 바람이 초간정에 세를 들어 산다. 묵은 세월 땀내에 절은 나를 일진청풍이 술래잡기라도 하듯 기둥 사이를 돌아 빠져나간다. 수고했다며, 넘어져도 툭툭 털고 다시 일어나 묵묵히 제 길을 가라는 바람의 전언을 듣는다. 보이지도 만져지지도 않는 바람의 존재가 내남없이 반겨주는 고향 집을 찾은 것처럼 오히려 든든하다. 바람의 정자인 듯 그늘을 이불 삼아 잠시 눈을 붙여보고 싶다.

여백이 있는 삶은 어쩌면 비움이 아닐까 싶다. 새가 하늘을 날 수 있는 것도, 대나무가 곧게 자라는 것도, 범종이 멀리 울려 퍼지는 것도, 구들장이 따뜻한 것도, 북소리가 둥둥 우렁찬 것도, 배가 물에 뜨는 것도, 피리가 맑은 소리를 내는 것도, 연탄불이 활활 타오르는 것도 알고 보면 다 제 속을 비웠기 때문이다. 용서하는 일도 삶의 여백이라고 하지 않았던가. 자신으로부터 자유롭고 너그러워져야 삶의 질도 높아지는 것인가 보다.

어쩌면 여백이란 타인이 아닌 자기 삶을 찾는 과정인지도 모른다. 남들의 시선이 아닌 오롯이 내 선택으로 사는 삶, 내가 기쁘고 편안한 삶, 나만의 규칙을 만들고 들여야 할 것과 밀어낼 것을 구분해서 사는 주관적인 삶을 말하는 것은 행여 아닐까. 겉이 아니라 속을 들여다보는 시간, 속도가 아니라 방향에 중심을 둔 시간, 끌려다니는 것이 아니라 내가 시간의 주인이 되어 나 자신에 집중하며 사는 삶이다.

색바랜 기둥마다 정감 묻은 시가詩歌의 향취가 그대로 남아 있다. 이야기에 목마른 필경사처럼 선인들의 곧은 붓끝, 그윽한 먹물 향기에 빠져보는 것도 여행의 덤이다. 얼마나 많은 길손과 소인묵객들이 다녀갔을까. 흰 두루마기 깃 눈부신 하늘에 지혜의 푸른 서기 한 줄기 바람으로 살아 숨 쉬는 것 같다. 절개 굳은 선비들 썩은 권세 버리고 녹차 한 잔으로 부끄러운 세상 비우고 비웠을 테다. 물리고 버릴 것 분별하고, 지키고 되살릴 것 잊지 않는 저 꼿꼿한 선비정신을 느끼며 내 삶에도 숨구멍 하나 열어 둔다.

여백은 삶의 흔적을 만드는 일이다. 누군가 그립고, 인생이 되돌아 손짓할 때 그 여백 속에서 언제든 찾아갈 수 있는 길을 만들어 놓는 것이다. 그 여백은 어느 순간의 눈물로, 웃음으로, 감동으로 만들어진다. 사랑하는 사람과의 눈빛으로, 친구와의 우정의 목소리로, 봄 햇살 따뜻한 창밖에 커피 한잔으로, 여행길에 만나는 별빛이나 바람으로 만들어진다.

시간을 잠시 잊어본 게 얼마 만인가. 시간 밖의 시간에 서서 일상이라는 무게를 잠시나마 떨쳐내 본다. 앞뒤도 없이 달려가는 어제와 오늘, 가야만 하는 행간 어디쯤에서 길을 잃을 때 자신을 들여다볼 수 있는 여백을 한번 찾아 나서 볼 일이다.

대장간을 엿보다

　단원 김홍도의 〈대장간〉 그림을 보신 적이 있나요. 18세기 말, 조선 후기 시대에 제작된 채색 민화랍니다. 설마 시골 장터에서 대장간 구경 한번 안 해본 사람이 있으려고요. 대장간은 쇠를 녹여 각종 연장을 만드는 곳으로 야방이나 야장간이라고도 한답니다.

　그림에는 풀무나 화덕, 소탕燒湯 외에 세세한 배경은 없지만 일하는 사람들의 표정과 동작이 사실석으로 잘 묘사되어 있더군요. 앳돼 보이는 젊은이가 긴장된 눈길로 화덕에다 풀무질하고, 나이 든 집게잡이는 벌겋게 달구어진 쇳덩어리를 집어서 모룻돌 위에 올려놓고, 힘 좋은 메잡이 두 명이 긴 나무 자루의 쇠메로 번갈아 내리치는 그림입니다. 손님인 듯한 사내가 지게를 벗어놓고 큼직한 무쇠 낫을 숫돌에 쓱싹거리며 벼리고 있는 모습도 보이고요.

"쩡 쩌엉 따앙 땅" "쉬이이익 피지지직" 하며 쇳덩어리를 두드리는 망치질과 물속에 넣어 담금질하는 소리가 번갈아 들려오는 것 같아요. 일하는 사람들의 움직임과 호흡이 기차 바퀴 구르는 소리처럼 잘 맞아떨어지는 음률에 치열한 삶의 숨결이 느껴집니다. 그림에는 없지만 동네 애들이나 수선을 맡긴 사람들이 주변에 모여들어 있겠지요. 대장간 안의 시큼한 쇳내와 근육질의 일하는 모습이 볼만했을 겁니다.

못 만드는 게 있을까 쉽네요. 칼이나 창, 화살 같은 무기류는 나라에서 관장했겠지만 생활 도구나 일하는 연장 같은 것은 모두 동네 대장간에서 취급했겠지요. 부엌칼, 도끼, 쇠가위, 쇠바퀴, 자물쇠, 대후비개, 마름쇠, 물미, 문고리, 호미, 삽, 괭이, 낫, 보습, 가래, 대패, 자귀, 톱, 쇠스랑, 갈고리, 장도리, 작두, 망치 등등. 호미만 해도 어디 종류가 한두 가지인가요. 왼손잡이용 호미, 큰 호미, 작은 호미, 풀만 콕콕 찍어내는 끝이 뾰쪽한 호미.

그 당시에는 새것만 만든 게 아니었다네요. 장날이면 집집이 무디어진 농기구나 연장들을 들고나와 벼리기도 하고, 낡은 곳 수선도 하고, 이참에 아예 성냥해서 새로운 것을 만들기도 하였답니다. 대장간의 묘미는 내가 원하는 대로 즉석에서 주문생산이 가능하다는 것 아니겠습니까. 아마 사람의 마음 빼고는 다 만들었을 겁니다. 그리스 대장장이 신 '헤파이스토스'도 워낙 손재간이 좋아서 눈에 보이지 않는 그물까지 만들었다고 하지 않습니까.

대장간을 엿보다

세상일에 대충 대충이 어디 있었겠습니까. 쇠를 선택하는 일, 풀무를 조절해 불의 온도를 맞추는 일, 메질과 망치질, 쇠의 강도를 결정하는 담금질이 모두 제대로 되어야 제대로 된 물건이 나오는 법이었겠지요. 낫 한 자루를 만들자면 천 번의 망치질이 있어야 한다고 하네요. 쇳덩어리가 일곱 번 이상 불구덩이에 들어가고, 한번 들어갔다 나오면 백번 넘게 망치질해야 탄생하는 것이었으니까요. 그렇기에 무쇠 낫은 요즘의 스테인리스 낫과는 비할 바가 못 되겠지요. 알묘조장揠苗助長. 적당히, 빨리 만드는 것이 더 쉬운 세상에 시간이 걸려도 제대로 만들어야 하는 장인정신을 오늘날 인생살이에도 배우고 싶네요.

쓸데없고 공연한 행동을 가리키는 '부질없다'라는 말도 대장간에서 나왔다고 하죠. 강하고 단단한 쇠를 얻기 위해서 쇠를 불에 달구었다 물에 담갔다 하기를 여러 번 해야 하는데 제대로 불질하지 않은 쇠는 물렁물렁하고 금세 휘어지기 때문에 아무짝에도 쓸모가 없기 때문이랍니다. 인생이란 것도 역경과 시련을 견뎌내는 과정을 겪으면서 더욱 강해지고 당당해지는 것인가 봐요.

옛날 대장간은 혼자서 할 수 있는 일이 아니었겠네요. 최소한 풀무잡이와 집게잡이, 메잡이 등 3명 이상의 대장장이들이 팀을 이루어야 가능한 일이었습니다. 신참은 아무래도 풀무질부터 배워야 했을 겁니다. 대장간의 불은 절대 꺼뜨리면 안 되니까 그것도 쉬운 일은 아니었겠지요. 숯불이 괄아야 제구실을 할 텐데 불

땀이 약해지면 선배들에게 혼나면서 눈물깨나 흘렸을 겁니다. 예전에는 다 그랬듯이 어깨너머 눈썰미로 배우는 도제식 훈련이 잖아요. 저 그림의 집게잡이를 보세요. 연륜이 있어 보이는 얼굴에서 많은 경험과 기술을 쌓은 장인의 기품이 느껴집니다. 혼자 허리춤에 염낭을 차고 있는 걸로 봐서는 주인 노릇도 겸하나 봅니다.

숨이 차 헐떡이는 저 메잡이의 표정이 안타깝네요. 입에서 허기진 단내가 나는 것 같아요. 그래도 여름은 아닌 것 같아 다행입니다. 힘쓰느라 앞가슴 드러난 메잡이 외에는 복장이 단정한 것을 보니 계절이 아마도 해토머리 초봄쯤 된 모양이에요. 겨우내 잠들었던 만물이 살아 움직이고 이제는 논밭 갈이에 나서야 할 시기겠지요. 들녘에는 쑥이며 고사리며 새싹들 빼꼼히 고개를 내밀었을 테고요. 그때쯤 대장간은 농사 연장들 준비로 더욱 바빴을 겁니다. 일을 마치면 주막에 가서 탁주 한 사발씩 하며 하루를 털어냈겠지요. 어쨌든 예나 지금이나, 네 일이든 내 일이든 각자의 삶이 행복했으면 좋겠어요.

일하는 사람 모두 묵묵한 표정들입니다. 한석봉 어머니가 말없이 떡가래를 썰어 보이는 불립문자처럼 제 할 일들 알아서 하느라 눈짓 몸짓으로 침묵의 언어를 대신하고 있네요. 누군가 내뱉는 대장간의 목소리는 판소리의 수리성처럼 껄껄한 쉰 목소리일 것 같아요. 그렇지만 그 소리에는 따뜻한 포용과 배려를 품고 있겠죠. 용광로처럼, 세상 모든 것을 다 받아들이는 통섭과 융합의 소리가 울려올 것 같습니다.

　무쇠를 진흙보다 쉽게 다루는 대장장이들. 뜨거운 불과 강한 쇠를 다루려면 얼마나 힘이 들었을까요. 아마도 무쇠보다 더 단단한 팔뚝과 뚝심을 가졌을 거예요. 그래도 자긍심은 있었을 겁니다. 대장간이 있어야 농사든 건축이든 생산과 경제 활동이 가능하고, 무기가 있어야 마을과 나라를 지켰을 테니까요. 그 대장간을 모태로 오늘날 거대한 용광로나 제철소가 만들어지고 자동차 공장이나 조선소가 되어 우리의 삶을 더 부강하고 풍요롭게 만드는 모태가 되지 않았겠습니까.

　대장간은 어쩌면 삶의 에너지가 만들어지던 곳이 아니었을까요. 이글이글 타오르는 불등걸이 시뻘건 불길이 치솟는 분화구 같지 않나요. 옛날 기마민족의 말발굽 소리처럼 지축을 흔들며 울려오는 망치질은 또 어떻고요. 그곳은 뭔가 멈춰서는 안 되는 곳, 힘과 동력을 생성하는 심장부 같은 곳, 그래서 불굴과 불멸을 상징하는 정신적 메타포를 가끔 느끼지 않았던가요. 베르디의 오페라 〈일 트로바토레〉 중에서 희망차고 역동적으로 울려 퍼지는 '대장간의 합창'처럼.

　살다 보면 사는 게 힘이 들 때가 종종 있지요. 한적한 곳에서 슬픔을 위로받는 것도 좋지만 오히려 대장간으로 달려가서 힘들고 지친 삶을 용기로 극복하는 것도 괜찮지 않을까 싶어요. "훅

훅" 달아오르는 열기와 쉬척지근한 땀내만 느껴도 당장 심장이 "쿵쿵쿵", 두 주먹에 힘이 불끈 솟아날 것 같지 않나요. 살면서 가끔은 텅 빈 마음에 대장간을 들여놓곤 한답니다.

꿈틀, 삶이 지나간다
허석 수필집

발 행 일	2023년 1월 16일 초판 1쇄

지 은 이	허석
펴 낸 이	정연순
펴 낸 곳	나무향
주 소	서울 광진구 자양로 28길34. 501호
전 화	02-457-2815
메 일	namuhyang2815@hanmail.net
출판등록	제 2017-000052호
저작권자	ⓒ2023허석
가 격	14,000원
I S B N	979-11-89052-59-1 03810

- 잘못 인쇄된 책은 바꾸어 드립니다
- 이 책은 저작권법에 따라 보호를 받는 저작물이므로 무단 전재와 복제를 금합니다

이 도서는 2021년도 한국문화예술위원회 아르코문학창작기금지원사업에 선정되어 발간되었습니다.